马克思主义简明读本

改革是中国的第二次革命

丛书主编：韩喜平
本书著者：杨冬珍

编委会：韩喜平　邵彦敏　吴宏政
　　　　王为全　罗克全　张中国
　　　　王　颖　石　英　里光年

吉林出版集团股份有限公司

图书在版编目（CIP）数据

改革是中国的第二次革命 / 杨冬珍著. -- 长春 : 吉林出版集团股份有限公司，2014.4（2021.2重印）
（马克思主义简明读本）

ISBN 978-7-5534-2619-8

Ⅰ.①改… Ⅱ.①杨… Ⅲ.①改革开放—研究—中国 Ⅳ.①D61

中国版本图书馆CIP数据核字（2013）第174209号

改革是中国的第二次革命
GAIGE SHI ZHONGGUO DE DI—ERCI GEMING

丛书主编：	韩喜平
本书著者：	杨冬珍
项目策划：	周海英　耿　宏
项目负责：	周海英　耿　宏　宫志伟
责任编辑：	宫志伟　于　欢
出　　版：	吉林出版集团股份有限公司
发　　行：	吉林出版集团社科图书有限公司
电　　话：	0431—81629720
印　　刷：	永清县晔盛亚胶印有限公司
开　　本：	710mm×960mm　1/16
字　　数：	100千字
印　　张：	12
版　　次：	2014年4月第1版
印　　次：	2021年2月第4次印刷
书　　号：	ISBN 978-7-5534-2619-8
定　　价：	36.00元

如发现印装质量问题，影响阅读，请与出版方联系调换。

序　言

习近平总书记指出，青年最富有朝气、最富有梦想，青年兴则国家兴，青年强则国家强。青年是民族的未来，"中国梦"是我们的，更是青年一代的，实现中华民族伟大复兴的"中国梦"需要依靠广大青年的不断努力。

要提高青年人的理论素养。理论是科学化、系统化、观念化的复杂知识体系，也是认识问题、分析问题、解决问题的思想方法和工作方法。青年正处于世界观、方法论形成的关键时期，特别是在知识爆炸、文化快餐消费盛行的今天，如果能够静下心来学习一点理论知识，对于提高他们分析问题、辨别是非的能力有着很大的帮助。

要提高青年人的政治理论素养。青年是祖国的未来，是社会主义的建设者和接班人。党的十八大报告指出，回首近代以来中国波澜壮阔的历史，展望中华民族充满希望的未来，我们得出一个坚定的结论——实现中华民族伟大复兴，必须坚定不移地走中国特色社会主义道路。要建立青年人对中国特色社会主义的道路自信、理论自信、制度自信，就必须要对他们进行马克思主义理论教育，特别是中国特色社会主义理论体系教育。

要提高青年人的创新能力。创新是推动民族进步和社会发展的不竭动力，培养青年人的创新能力是全社会的重要职责。但创新从来都是继承与发展的统一，它需要知识的积淀，需要理论素养的提升。马克思主义理论是人类社会最为重大的理论创新，系统地学习马克思主义理论有助于青年人创新能力的提升。

要培养青年人的远大志向。"一个民族只有拥有那些关注天空的人，这个民族才有希望。如果一个民族只是关心眼下脚下的事情，这个民族是没有未来的。"马克思主义是关注人类自由与解放的理论，是胸怀世界、关注人类的理论，青年人志存高远，奋发有为，应该学会用马克思主义理论武装自己，胸怀世界，关注人类。

正是基于以上几点考虑，我们编写了这套《马克思主义简明读本》系列丛书，以便更全面地展示马克思主义理论基础知识。希望青年朋友们通过学习，能够切实收到成效。

韩喜平

2013年8月

目 录

引 言 / 001

第一章 一件很重要的必须做的事 / 004

第一节 为什么进行改革开放 / 005

第二节 改革开放政策的提出 / 010

第三节 改革开放是决定当代中国命运的关键选择 / 018

第二章 改革涉及人民的切身利害问题 / 043

第一节 人民群众是推动历史前进的决定性力量 / 043

第二节 改革开放以来的风云人物举要 / 055

第三章 胆子要大，步子要稳 / 095

第一节 我国改革开放积累的主要经验 / 095

第二节　解决前进中的问题归根到底靠改革开放 / 111

第三节　推进政治体制改革，发展民主政治 / 127

第四章　改革需要继续开放 / 142

第一节　对外开放的一个重要背景 / 142

第二节　我国对外开放理论相关内容 / 145

第三节　对外开放是我国长期的基本国策 / 148

第四节　毫不动摇地坚持对外开放 / 161

知识链接 / 180

引 言

今天的幸福生活哪里来？一切源自于三十多年前开始的一场伟大变革——改革开放。"改革是中国的第二次革命"，这一振聋发聩的声音是当代真正的"中国好声音"，陪伴我们走过风风雨雨，走向希望和幸福。

这一好声音，唱出了中国共产党和中国政府的远见卓识。"这是一件很重要的必须做的事，尽管是有风险的事。"从来就没有什么救世主，中国共产党和中国政府在最关键的时刻把握住了历史机遇，凭借勇气、智慧和担当，正确地扭转了历史巨轮的航向。

这一好声音，唱出了中国人民对于美好生活的无限向往。中国人从不相信自己必须与苦难和贫穷相连。"改革涉及人民的切身利害问题"，中国老百姓以无与伦比的坚忍和力量，积极投身于改革，在三十多年的艰辛征途上书写了光辉的一页。

这一好声音，唱出了中国为融入世界而作出的努力奋斗。不管是百年前的闭关自守还是三十多年前冷战格局下的被封锁，中国与世界的隔膜曾经让中国与世界都付出了代价。经济全球化，世界一体化，当今的世界是开放的世界，中国的发展离不开世界。"我们现在进行的改革是开放政策的继续与发展，改革需要继续开放。"

从中国实行改革开放的那刻起，改革就不可避免地会触动一些集团和一些人的利益。改革有风险，但是不改革，党和国家就会有危险。因此，我们的方针是，"胆子要大，步子要稳，走一步，看一步"。三十多年后的今天，改革处于深水区和攻坚期，无论方案多么周密、智慧多么高超，改革都不可能至善至美。因此，我们必须排除一些非议、争议的"杂音"，将改革开放这件普惠于大多数人的事业进一步推进。三十多年来，我们有质疑，有肯定；有悲伤，有欢喜；有错误，有成绩。但也恰恰是经过这三十多年的洗礼，中国共产党变得更加成熟，中国老百姓变得更加富裕，中国变得更加强盛。

2012年11月8日，中国共产党第十八次全国代表大会胜利召开。"改革"作为十八大报告中最重要的关键词之一，全文出现86次。"改革"一词的频频出现，传递着民心，表达着共识。2012年12月31日下午，十八届中共中央政治局就坚定不移推进改革开放进行第二次集体学习。中共中央总书记习近平在主持学习时强调，改革开放是一项长期的、艰巨的、繁重的事业，必须一代又一代人接力干下去。必须坚持社会主义市场经济的改革方向，坚持对外开放的基本国策，以更大的政治勇气和智慧，不失时机深化重要领域改革，朝着党的十八大指引的改革开放方向奋勇前进。"改革开放只有进行时没有完成时。没有改革开放，就没有中国的今天，也就没有中国的明天。"

第一章　一件很重要的必须做的事

"改革开放"是个组合词汇。"改革"一般指改变旧制度、旧体制、旧事物。对旧有的生产关系、上层建筑作局部或根本性的调整变动，改革是社会发展的强大动力。没有完美无缺的社会，任何社会想要得到良性发展，都需要改革。"开放"一词与"封闭"相对，是指解除封锁、禁令、限制等，形成同外界的广泛联系。但是，对于当代中国而言，"改革开放"绝不是两个词汇的简单相加，而是有着丰富内涵的特定概念。中国的改革开放是指1978年12月十一届三中全会以来在党的领导下我们开始实行的对内改革、对外开放的政策。邓小平一方面把十一届三中全会以来的开放政策都叫改革，另一方面又把改革政策也称为开放政策。他说，实际上我们制定了两个开放政策，即对内开放和对外开放，搞社会主义现代化建设，没有这两个开放不行。对外开放和改革一起成为新时期中国最鲜明的特征。

第一节　为什么进行改革开放

1978年，中国处于一个历史的关节点上，国家、民族乃至每一个国人的命运都面临着重大变化。随后三十多年间，一场被称为改革开放的伟大实践在中国社会波澜壮阔地展开，中华民族以前所未有的速度奔跑起来，中国的面貌发生了日新月异的变化。

改革开放作为中国共产党带领人民进行的一场新的伟大革命，其发生绝不是偶然的，它有着深刻的国际国内背景。

一、严酷的国内困境

1956年9月15日至27日在北京政协礼堂举行的中国共产党的八大对于如何以苏联为鉴，探索我国自己的社会主义建设道路，提出了不错的思路。但是从1957年下半年以后，由于我们在实际工作中不同程度地偏离了实事求是的思想路线，"大跃进"运动、人民公社化运动，"左"的错误屡屡发生，日积月累，使我们党、国家和人民遭受了严重损失。

从社会生活方面看，不管城市市民还是乡村农民，生活处境都颇为艰难。新中国成立后，在中国共产党的领导下，中国呈现出一番生机勃勃的新气象。推翻了帝国主义、官僚资本主义、封建主义三座大山，人民群众的生活有了积极改善。随着第一个五年计划的实施，人们对未来充满了希望。根据曾培炎主编的《新中国经济50年》记载，从1957年到1976年，长达20年的时间里，城市职工几乎没涨过工资。这让基本依靠工资生活的城市市民捉襟见肘。很多基本生活消费用品供给不足，需凭票购买，粮票、布票、肉票等等，一个不能少。乡村农民的生活更是穷困潦倒。安徽农村最具有代表性。1977年6月，党中央任命万里担任安徽省委第一书记。上任后不久，万里就到安徽的多个农村深入田间地头进行实地调研。虽然早前已对农村的困难有所知晓，心理有所准备。但是一路上的所见所闻，还是让他大为震惊。他后来痛心地说：我真没想到，解放几十年了，农村还这么穷！农民的生活水平还这么低！在那个时候，安徽农村的情况实际上并非特例，并非个别现象。来自原农业部人民公社管理局统计的一组数字显示：全国农民在1978年，每人年平均从集体分配到的收入仅有74.67元，其中两亿农民的年均收入低于50元。有1.12亿人每天能挣到一角一分钱，1.9亿人每天能挣一角三分钱,有2.7亿人每天能挣一角四分钱。那个时候的农民没有迁徙自由、择业自由以及打工自由,至于学知识、学文化更是奢望,他们过着没有希望、没有前途的贫苦日子。

二、严峻的外部压力

从20世纪50年代中期到70年代中期,第三次科技革命正发展得如火如荼。第三次科技革命,首先兴起于第二次世界大战之后的美国,它的主要标志是原子能、电子计算机、空间技术和生物工程的发明和投入应用,涉及信息、新能源、新材料、生物、空间和海洋等领域的一场信息控制技术革命,是人类文明史上继蒸汽技术革命和电力技术革命之后,科技领域里的又一次重大飞跃。在两次世界大战期间,西方国家的工业生产年平均增长率是1.7%,而在1950到1972年间年平均增长率却高达6.1%。1953到1973年,世界工业总产量相当于第一次工业革命以来一个半世纪的工业总产量的总和。其中,科技进步的因素在发达国家的国民生产总值中所占比重由最初的5%—10%,发展到20世纪70年代的60%。新科技革命使世界经济结构发生了重大变化,社会生产力飞速发展,极大地改变了世界的面貌和人类的生活。

在新科技革命的推动下，美国、欧洲、日本经济迅速发展。上个世纪60年代（1961年—1969年），被称为美国历史上"繁荣的十年"。在这十年中，美国经济连续上升，1975年美国国内生产总值是1957年的3.2倍，达到1.5万亿美元。西德、法国国内生产总值也都高速增长，取得了令人瞩目的成就。东方的日本，从1960年开始实施为期十年的"国民收入倍增计划"，创造了经济发展的奇迹。新科技革命让美、日、欧经济发展插上了"飞翔的翅膀"。

中国周边原来一些比较落后的国家和地区，如韩国、新加坡等，也抓住机遇快速发展，实现了经济起飞。在20世纪50年代，韩国的经济发展颇为艰难，但是随后发生的"汉江奇迹"，使韩国到80年代一改贫穷落后的面貌，一跃成为中上等发达国家。新加坡，因为主权纠纷、住宅短缺、缺乏土地与天然资源，世界曾经对于这个蕞尔小国，是否能继续存在表示疑问。但是新加坡从20世纪60年代开始，实行一连串的刺激国家经济发展措施，重视制造业，大力吸收外资。很快成为东南亚重要的金融和转口贸易中心，跃身一变为"亚洲四小龙"之一，新加坡人民的生活水平也得到大幅度提高，住房、教育、交通等问题都得到解决。

在这样的国内、国际背景下，要增强我国社会主义的生机活力，解放和发展社会生产力，改善人民生活，唯一的出路就是改革开放。那时的中国，从上到下，从中央到地方普遍存在着紧迫感和焦虑情绪，紧迫、焦虑背后是中国与世界发展的巨大差距，是人们对改变国家命运和个人命运的急切心态。社会主义是一个好的名词，但是如果在实践中搞不好，就体现不出社会主义的本质，穷的社会主义对老百姓而言，没有吸引力。邓小平同志果断地实行全面改革开放的讲话，最能代表大家的心声和盼望。他说：一个党，一个国家，一个民族，如果一切从本本出发，思想僵化，迷信盛行，那它就不能前进，它的生机就停止了，就要亡党亡国；再不实行改革，我们的现代化事业和社会主义事业就会被葬送；不坚持社会主义，不改革开放，不发展经济，不改善人民生活，只能是死路一条。总之，改革开放时不我待，必须马上展开。

第二节 改革开放政策的提出

一、真理标准大讨论

1976年10月,江青反革命集团被粉碎,华国锋担任党、政、军最高领导职务。华国锋同志对"文革"给中国造成的巨大灾难有所认识,也曾试图结束"文革"造成的混乱局面,但由于没有能够从根本上认清"文革"的危害,他提出并坚持"两个凡是"的方针。这既不能维护毛泽东的历史地位和毛泽东思想的权威,更不能使党从极"左"思想教条的束缚中解放出来,开创社会主义事业的新局面。在此情况下,打破"两个凡是"的禁锢,来一场思想上的革命,就成为中国告别过去,开创未来,解决当时中国一切问题的前提和关键,真理标准大讨论就是在这样的背景下展开的。1978年5月11日,《光明日报》刊发《实践是检验真理的唯一标准》的文章,指出任何理论都要接受实践的检验。这篇文章发表后,立即引起各方面的关注,并引发了一场全国规模、影响持久而深远的关于真理标准问题的大讨论。邓小平积极支持这场讨论，赞同《实践是检验真理的唯一标准》一文所提出的观点，批评"两个凡是"，号召我们要打破精神枷锁，来个思想大解放。这场关于真理标准问题的大讨论，它的意义和作用伟大而深远。直到今天，高度评价它依然不为过。这场讨论不是一般的哲学问题的讨论，而是在思想上、理论上最根本的拨乱反正。首先，它使全党和全国人民从教条主义和个人迷信的精神枷锁中解放出来，从而为改革开放、拨乱反正等一系列新政策、新主张、新思想、新办法的提出，打开了通道，提供了思想空间和条件。其次，重新恢复和确立了党的解放思想、实事求是、一切从实际出发、理论联系实际的思想路线，为进一步拨乱反正准备了思想条件。

二、十一届三中全会的召开

1978年7月6日至9月9日，国务院召开务虚会。会议的中心内容是总结建国以来的历史经验，研究如何加快我国现代化建设的步伐。会议开了两个多月，提出的建议、办法和思路，归结起来，就是一条：改革开放。我们必须改革一切不适应生产力发展的生产关系，改革一切不适应经济基础要求的上层建筑，积极引进国外先进技术设备，掌握世界先进技术，促进我国各个领域的发展。与此同时，对于改革开放问题，邓小平在不同场合多次重点谈及。1978年6月，邓小平会见罗马尼亚客人时说："我们派了许多代表团到欧洲和日本去考察，发现我们可以利用的东西很多，许多国家都愿意向我们提供资金和技术，条件也不苛刻，从政治、经济角度对我们都有利，为什么不干呢？"1978年10月，他在会见西德客人时说："中国在历史上对世界有过贡献，但是长期停滞，发展很慢。现在是我们向世界各国学习的时候了。"1978年10月11日至21日，中国工会第九次全国代表大会在北京举行。邓小平代表中共中央、国务院致词，针对提高经济发展速度，他又提出各条经济战线不仅需要进行技术上的改革，而且需要进行制度上、组织上的改革。

1978年12月13日，在中共中央工作会议闭幕会上，邓小平发表讲话《解放思想，实事求是，团结一致向前看》。这次中央工作会议为中共十一届三中全会的召开作了充分准备，邓小平的这个讲话实际上成为十一届三中全会的主题报告。1978年12月18日至22日，中国共产党第十一届中央委员会第三次全体会议在北京举行。在这次会议上，"两个凡是"的方针被完全否定，解放思想、实事求是的指导思想得以重新确立，实现了思想路线上的拨乱反正；停止使用"以阶级斗争为纲"的口号，做出把党和国家的工作重心转移到经济建设上来，实行改革开放的伟大决策，实现了政治路线上的拨乱反正；会议上实际形成了以邓小平为主要领导的党中央集体，取得了组织路线上的拨乱反正。从此，中国历史进入社会主义现代化建设的新时期，进入柳暗花明的境地。全会发表的公报指出，要根据新的历史条件和实践经验，采取一系列新的重大的经济措施，从经济管理体制和经营管理方法着手认真的改革，在自力更生的基础上积极发展同世界各国平等互利的经济合作，努力采用世界先进技术和先进设备。20世纪70年代末，我们党做出改革开放这一历史性的决策，是中国发展的要求和时代发展的大势所趋，是"内弱外强"的形势倒逼的结果。在做出这个选择的过程中，中国共产党人的大智大勇、顽强生机再次得到了淋漓尽致的展现。正是因为做出了这样的选择，中国社会才在此后的三十多年间发生了翻天覆地的历史性巨变。

三、关于雇工问题、经济特区问题的争论

改革开放，冲击着陈旧的体制和机制，改变着社会生活

的方方面面。在这种情况下，不同思想观念之间的碰撞、交锋在所难免。在改革开放初期，围绕着雇工问题、开办经济特区问题，展开了激烈争论。现在来看当年的争论，我们更加知道它的意义所在，这些争论其实从一个侧面和角度让我们对社会主义、对私营经济有了新的认识。

第一，关于雇工问题。这是我们在社会主义实践中遇到的一个敏感而又极其复杂的问题。雇工现象在各地的出现，引起了社会各方面的广泛注意。当时，有两个人在全国比较有名，围绕他们的争论最激烈。一个是广东省高要县的陈志雄，一个是安徽省芜湖市的年广久。他们都是经营承包大户，雇工经营。在那个大家普遍不富裕的年代，他们的资产也颇为雄厚。其中，年广久的个人资产在上世纪80年代初增加到几百万元，仅在1984年他就给国家纳税三十多万元。在当时，他们的雇工人数都突破了当时国家规定的雇工八人的限额。对于这类经营和承包大户，人们议论纷纷。有的人反对，认为既然是雇工经营就必然有剥削，而传统观念告诉我们，在社会主义国家里是不能允许雇工剥削的，这是一个大的原则问题。搞经营搞承包，不能忘了坚持社会主义道路这个根本原则。因而，绝不能允许有雇工。有的人认为应该承认客观事实，存在的就有它的必然性和合理性。因为我国经济比较落后，存在着多种经济成分，出现雇工现象不可避免，不能简单粗暴地加以禁止，要实事求是地对待并妥善处理，有关部门应该尽快采取措施，制定出具体政策，对于我国城乡出现的新的经济形式和经营管理方式，应该给予积极的回应说明。对于各种不同看法，当时国务院的主要领导明确表态：各种意见都可以讨论，可以动口，不要动手，不要一棍子打死。

对于雇工问题，国务院、社会科学院等机构也组织了调查组，对雇工现象展开各种形式的调研。在分析和掌握了调研结果情况后，当时党和国家的主要领导人多次发表讲话，明确指出，对于雇工经营不要采取简单取缔的办法；对于个体经济，认为只要它的发展坚持社会主义方向就没问题，不能再用过去的老办法发展经济，因为"大锅饭"，平均主义让我们吃够了苦头。要在实践中积极寻找解决问题的途径，要调查研究，要从群众的实践创造中发现解决问题的新路子，办法在办公室里是很难想出来的，要深入群众，要从群众中去发现好的经验。

第二，关于经济特区问题。十一届三中全会以来，随着对外开放政策的实施,外资经济开始逐步在我国发展壮大起来。发展外资经济对于我们引进发达国家的资金、技术及管理经验具有重要意义。20世纪80年代初期,为了更好地发展外资经济,经中央和国务院批准,我国沿海地区的深圳、珠海、汕头和厦门相继成立经济特区。然而,由于长期以来"左"的思想和传统的计划经济体制的影响,特别是鸦片战争以来帝国主义列强对旧中国的残酷掠夺,让许多人担心经济特区会变成旧中国的租界和殖民地,引进外资经济会对我国的民族经济发展造成严重冲击,中国会再次面临丧权辱国的危险。面对这些疑虑和抵触情绪,特区究竟是什么性质?明确它的性质对于我们很重要,因此我们必须准确地对特区进行定位。1981年7月,中共中央、国务院批转的《广东、福建两省和经济特区工作会议纪要》指明,我国特区是经济特区,不是政治特区。特区内全面行使我们国家主权,这和不平等条约产生的租界、殖民地在性质上是根本不同的。但是我们知道,任何事情的发展都不是一帆风顺的,对任何事物的认识也不是一步到位的。设立经济特区,引进外资同样如此。特别是在特区成立之后不久,伴随着我国经济取得的发展,一些问题也相继出现了。这些出现的问题,是由于我们某个具体环节出现了操作失误所致,还是开办经济特区是个根本性错误,便又成为讨论的焦点。真正为特区正名的是邓小平。邓小平作为我国改革开放事业的总设计师,1984年春节期间到广东、福建等地视察。他不仅肯定了经济特区,而且明确指出,除现在的特区以外,可以考虑再开放几个港口城市。于是不久沿海14个开放城市出现,中国对外开放的步伐进一步加快。邓小平始终认为坚持对外开放和发展外资经济是正确的。他反复告诉我们,现在的世界是开放的世界,关起门来搞建设不行。外国的资金、技术,甚至包括外国在中国建立的工厂,都是我们发展社会主义社会生产力的有益补充。发展经济,不开放是很难搞起来的,对外开放是相互的,经济的发展需要各国资金和技术上的相互融合和交流。为了提高我们自身的竞争力,促进民族工业的发展,必须密切和外部的联系和交往。随着改革开放的逐步推进,人们逐渐摆脱了旧的观念的束缚,认识发生了积极变化,对外开放政策得到了更多人的认同和理解。现在实践已经证明,中国建立经济特区的决定不仅是正确的,而且是成功的。

第三节 改革开放是决定当代中国命运的关键选择

改革开放三十多年,中国的面貌焕然一新。在短短的三十多年间,在中国共产党的领导下,一个占世界人口1/5的发展中国家,国内生产总值年均增长近10%,经济发展总量跃居世界第二,人民生活水平总体达到小康。通过广泛而深刻的变革,我们摸索出一条适合本国国情的,有中国特色的现代化建设道路,中华民族以前所未有的独立和尊严巍然屹立于世界东方。改革开放的中国成为这个世界最亮丽的一道风景。

一、改革开放是一场新的革命

1978年邓小平指出:我们在引进先进技术设备后,一定要按照国际先进的管理方法、先进的经营方法等来进行管理,也就是按照经济本身发展的规律来管理经济。1985年,邓小平明确指出,"改革是中国的第二次革命"。

十一届三中全会决定进行改革,就是要选择好的政策。

过去的革命是为了扫除我们在发展社会生产力过程中遇到的障碍，使我们摆脱贫穷和落后的状态，今天的改革同样如此。在这里，我们提出改革是第二次革命，是相对于新民主主义革命而言。

第一，从改革的目的看，改革就是要解放和发展社会生产力，让中国人富裕起来，实现现代化。改革开放初期，邓小平就区分了社会主义的基本制度与具体体制机制。我国的社会主义基本制度是适应生产力发展的，是正确的，是优越的。而社会主义的具体体制机制，其中有不少是需要进行改革的。比如高度集中的计划经济体制，严重阻碍生产力的进一步发展，越来越不适应我国生产力发展的客观要求。因此，必须对它进行根本性改革，否则社会主义制度的优越性就不能得到进一步的发挥。就是要有革命性，要彻底，不要枝枝节节，不要缝缝补补，要进行真改革。革命是解放生产力，改革的性质同过去的革命一样，也是为了解放和发展生产力，从这个意义上说，改革是一场革命。

第二，从改革的广度看，改革是全面的改革，涉及经济、政治、科技、教育、文化体制等各个方面。经济基础决定上层建筑，上层建筑对经济基础具有反作用，整个社会是一个有机的综合体。改革不合时宜的经济体制，用适应现阶段生产力发展的市场经济体制取代计划经济体制，必然要影响到过时的政治体制和其他体制，同时也受这些体制的制约和影响，因此，在进行经济体制改革的同时，必须相应地进行其他体制的综合配套改革，这就决定了我们目前所进行的改革是全局性、整体性的改革。这样才能巩固和完善社会主义制度，实现中华民族的伟大复兴。

　　第三，从改革的深度看，改革不是对现存经济体制的零星的、细枝末节的修补，而是对其进行的根本变革。是要从根本上改变束缚我国生产力发展的经济体制，建立具有蓬勃生命力的社会主义新经济体制，同时相应地改革政治、文化等其他方面的体制。这场新的伟大革命，虽然不是一个阶级推翻另一个阶级意义上的革命，但是我国原来高度集中的计划经济体制对生产力的严重不适应，已经不是个别方面、环节的问题，而是深层次的问题，对它进行细枝末节的修补已不能解决问题，必须进行根本性改变，从具体体制的角度来讲，这种取代是一种质变，是一种革命性变革，实质上是一场革命。

二、社会主义社会的基本矛盾

马克思、恩格斯科学阐明了人类社会基本矛盾运动的一般规律，尤其是资本主义社会中矛盾的运动规律。但他们在当时，没有对社会主义社会的矛盾问题进行具体分析。列宁虽然提出了在社会主义制度下，对抗消失，矛盾还会存在的观点，但是没有系统阐述社会主义社会的矛盾运动规律。斯大林晚年认识到在社会主义制度下，生产关系和生产力之间依然存在着矛盾，但没有把它当作根本问题提出来。

1956年底，我国对农业、手工业和资本主义工商业的社会主义改造基本完成，标志着中国历史上长达数千年的阶级剥削制度的结束，社会主义基本制度在我国初步确立。毛泽东从中国的实际情况出发，以马克思主义基本原理为指导，比较全面地阐述了社会主义社会的矛盾问题，形成了比较系统的理论。

第一，指出矛盾在社会主义社会里仍然大量存在，正是这些矛盾推动着社会主义社会不断向前发展。社会主义社会的基本矛盾依然是生产关系和生产力之间的矛盾、上层建筑和经济基础之间的矛盾。这些矛盾不但表现在社会生活的方方面面，而且一直贯穿于整个社会主义社会的始终。第二，阐明了社会主义社会基本矛盾的性质和特点。同旧社会的基本矛盾相比较，社会主义社会的基本矛盾具有根本不同的情况和性质。社会主义社会基本矛盾是在基本适应条件下的矛盾，是在人民根本利益一致基础上的矛盾，是非对抗性的矛盾。第三，提出了社会主义制度自身解决社会基本矛盾的思想。毛泽东是在与资本主义社会基本矛盾解决途径的对比中阐明这一观点的。他指出，社会主义社会矛盾的解决和资本主义社会矛盾的解决不一样，不需要采取剧烈的阶级斗争的方式，这些矛盾完全可以依靠社会主义自身的力量，通过对生产关系和生产力、上层建筑和经济基础不相适应的方面进行调整得到解决。第四，指出在我们国家有两种不同性质的矛盾存在，就是敌我矛盾和人民内部矛盾，国家政治生活的主题，主要是正确处理人民内部矛盾。由于我国社会主义制度刚刚建立，社会主义建设实践刚刚开始，各种矛盾暴露得还不充分，所以对于社会主义社会的基本矛盾，毛泽东只能做最一般的概括。

十一届三中全会以后，邓小平一方面对于毛泽东关于社会主义社会基本矛盾的理论给予充分肯定；另一方面，他通过总结历史经验教训，深入思考，对社会主义社会的基本矛盾，特别是社会主义初级阶段的主要矛盾有了一番新认识，在新的实践中丰富和发展了这一理论。第一，判断一种生产关系和生产力是否相适应，要从实际出发，具体问题具体分析，主要看它是否适应当时当地生产力的要求，能否推动生产力发展。第二，提出在社会主义社会依然有解放生产力的问题。邓小平突破了长期以来把解放生产力只同一个阶级推翻另一个阶级的革命联系到一起的认识，明确提出社会主义制度建立后仍然有一个解放生产力的问题，从而为改革开放提供了坚实的理论基础。第三，把社会主义社会的基本矛盾、主要矛盾和根本任务统一起来。邓小平在明确肯定社会主义社会基本矛盾的基础上，强调了解决社会主要矛盾和确立根本任务的一致性。第四，指出了解决社会主义初级阶段主要矛盾的途径是改革。邓小平继承了毛泽东关于社会主义社会基本矛盾必须通过社会主义制度自身的不断完善加以解决的正确主张，并从历史经验教训出发，找到了社会主义社会发展的基本形式，即改革是解放和发展生产力的必由之路。

三、国家领导人谈改革开放

在改革开放过程中,我们国家领导人的讲话、发言总是言简意赅,发挥着关键作用。

"我们的国家一定要发展,不发展就会受人欺负,发展才是硬道理。"

——邓小平

"要坚持两手抓,一手抓改革开放,一手抓打击各种犯罪活动。这两只手都要硬。打击各种犯罪活动,扫除各种丑恶现象,手软不得。"

——邓小平

"基本路线要管一百年。"

——邓小平

"对外开放,引进国外先进技术和经营管理经验,为我国社会主义建设所用,是完全正确的,要坚持。但同时要看到,对外开放,不可避免地会有资本主义腐朽思想和作风的侵入。这对我们社会主义事业,是直接的危害。"

——陈云

"对外开放不一定都是人家到我们这里来,我们也可以到人家那里去。"

——陈云

"我们要改革,但是步子要稳……要从试点着手,随时总结经验,也就是要'摸着石头过河'。开始时步子要小,缓缓而行。""这绝对不是不要改革,而是要使改革有利于调整,也有利于改革本身的成功。"

——陈云

"要在深圳搞个对外开放的窗口,窗口发展得好,就搞特区。"

——胡耀邦

"本世纪末到下世纪初,我国经济开拓的重点,势必要转移到大西北来。这不是我个人的想法,而是中央领导同志的共同看法。"

——胡耀邦

"十一届三中全会以来的历史雄辩地证明,实行改革开放是社会主义中国的强国之路,是决定当代中国命运的历史性决策。……改革开放,是新时期中国最鲜明的特征。没有改革开放,就没有建设有中国特色的社会主义。"

——江泽民

"扎扎实实推进西部大开发。要突出重点，注重实效，打好基础。继续加强生态环境建设和基础设施建设。切实搞好退耕还林、天然林保护和防沙治沙。实施天然草原退牧还草工程，加强相关法制建设。……采取有力措施，支持东北地区等老工业基地加快调整和改造，支持以资源开采为主的城市和地区发展接续产业，支持革命老区和少数民族地区加快发展。"

——朱镕基

"最根本的是，改革开放符合党心民心、顺应时代潮流，方向和道路是完全正确的，成效和功绩不容否定，停顿和倒退没有出路。"

——胡锦涛

"虽然中国的改革发展取得了很大成就，但中国仍处在并将长期处在社会主义初级阶段，在前进道路上仍然面对着许多困难和挑战。实现中国的现代化和全体人民的共同富裕，还需要长期不懈地艰苦努力。"

——胡锦涛

"中国30年的变化，得益于改革开放。中国要实现富强民主文明和谐的现代化目标，仍然要靠改革开放。中国正处于并将长期处于社会主义初级阶段，经济社会还存在许多不容忽视的问题，城乡之间、地区之间、经济与社会发展之间不平衡、不协调，经济发展方式粗放，人口、资源、环境压力大，劳动就业、社会保障、收入分配、教育卫生等方面问题仍然较多，还有贪污腐败现象严重等问题。解决这些问题归根到底要靠深化改革。"

——温家宝

"全党全国各族人民要坚定不移走改革开放的强国之路，做到改革不停顿、开放不止步。"

——习近平

"我们要坚持改革开放正确方向，敢于啃硬骨头，敢于涉险滩，既勇于冲破思想观念的障碍，又勇于突破利益固化的藩篱。"

——习近平

"我国现代化建设取得的巨大成就靠的是改革开放，实现经济长期平稳较快发展也要靠改革开放。必须以改革开放破解难题、转变机制、激发活力、提升水平。要用国际视野和战略眼光，在更高层次上审视结构调整中的问题，不断拓展对外开放的广度和深度，着力增强国际竞争力。"

——李克强

四、改革开放大事记

我们之所以在这里整理归纳出从1978年到2012年中国每年发生的重要大事，主要是想要以这个醒目的形式告诉大家，在中国共产党的英明领导下，从改革开放以来，我们每天都在通过改革开放取得进步，获得发展，中国的面貌日日新，月月新，年年新。

1. 1978年，十一届三中全会召开

12月18日至22日，党的十一届三中全会在北京举行。

2. 1979年，设立经济特区

7月15日，中共中央、国务院决定在深圳、珠海、汕头和厦门试办特区。1980年5月16日，中共中央、国务院批准《广东、福建两省会议纪要》，定名为"经济特区"。

3. 1982年，家庭联产承包责任制确立

1月1日，中共中央发文，指出目前农村实行的各种责任制，都是社会主义集体经济的生产责任制；1983年，中央下发文件，指出联产承包制是在党的领导下我国农民的伟大创造。

1982年1月11日，邓小平正式提出"一国两制"。

1月14日，胡耀邦在中央书记处会议上就对外经济关系问题发表意见，提出利用国内国外两种资源；开拓国内国外两个市场；学会组织国内建设和发展对外经济关系两套本领。

9月1日—9月11日，中国共产党第十二次全国代表大会在北京举行。邓小平致开幕词，第一次提出了"建设有中国特色的社会主义"这一崭新的命题。

4. 1983年，允许一部分人先富起来

1月12日，邓小平同国家计委、国家经委和农业部门负责同志谈话，提出允许一部分人先富裕起来，一部分地区先富裕起来。

5. 1984年，提出有计划的商品经济

10月20日，中国共产党十二届三中全会在北京举行。会议一致通过的《中共中央关于经济体制改革的决定》明确提出：认识社会主义计划经济必须自觉依据和运用价值规律，是在公有制基础上的有计划的商品经济。

6. 1986年，启动全民所有制企业改革

12月5日，国务院发文，提出全民所有制大中型企业要实行多种形式的经营责任制。

7. 1987年，提出"一个中心、两个基本点"的基本路线

10月25日到11月1日，中国共产党第十三次全国代表大会在北京举行。赵紫阳作《沿着有中国特色的社会主义道路前进》的报告。报告阐述了社会主义初级阶段理论，提出了党在社会主义初级阶段"一个中心、两个基本点"的基本路线，阐述了到下世纪中叶分三步走、实现现代化的发展战略，提出了要进行政治体制改革。

8. 1988年，提出"科学技术是第一生产力"

9月5日，邓小平在会见捷克斯洛伐克总统胡萨克时，提出了"科学技术是第一生产力"的著名论断。

9. 1992年，提出确立社会主义市场经济体制改革目标

10月12日—10月18日，中国共产党第十四次全国代表大会在北京举行。江泽民同志作报告，确定中国经济体制改革的目标是建立社会主义市场经济体制。

10. 1993年，提出建立现代企业制度

3月15日—3月31日，八届全国人大一次会议举行，"社会主义初级阶段"说法进入宪法。

11月2日，《邓小平文选》第三卷出版。

11月11日—11月14日，中共十四届三中全会举行。全会

通过了《中共中央关于建立社会主义市场经济体制若干问题的决定》。提出要进一步转换国有企业经营机制，建立现代企业制度。

12月15日，国务院作出关于实行分税制财政管理体制的决定。

12月25日，国务院作出关于金融体制改革的决定。

11. 1994年，长江三峡工程正式开工

1月11日，国务院作出的《关于进一步深化对外贸易体制改革的决定》，提出中国对外贸易体制改革的目标，外贸体制综合配套改革开始。

2月1日，我国引进外国资金、先进设备和技术建设的第一座大型核电站——广东大亚湾核电站一号机组正式投入商业运行。

12月14日，当今世界上最大的水利枢纽工程——长江三峡工程正式开工。

12. 1992、1994年，医疗、住房市场化改革施行

1985年，在中国改革开放的大背景之下，医疗卫生系统也开启了改革的历程。1992年9月，卫生部根据国务院意见，提出医院要"以工助医"、"以副补主"，医疗市场化改革

施行。

1994年7月18日,国务院作出《关于深化城镇住房制度改革的决定》,开启了城镇住房商品化的大门,标志着中国全面推进住房市场化改革的确立。住房市场化改革施行。

13. 1995年,提出"两个根本性转变"目标

5月6日,中共中央、国务院作出《关于加速科学技术进步的决定》,提出科教兴国的战略。

9月25日—9月28日,中共十四届五中全会举行。全会通过了《中共中央关于制定国民经济和社会发展"九五"计划和2010年远景目标的建议》。提出实现"九五"计划和2010年远景目标的关键是实行两个具有全局意义的根本性转变:一是经济体制从传统的计划经济体制向社会主义市场经济体制转变,二是经济增长方式从粗放型向集约型转变。

14. 1996年,外汇管理体制改革取得重大进展

12月1日,中国开始接受国际货币基金组织协定第八条款,实行人民币经常项目下的可兑换。

15. 1997年,十五大提出党在社会主义初级阶段的基本纲领

7月1日,中国对香港恢复行使主权,中华人民共和国香

港特别行政区正式成立。

9月12日—9月18日,中国共产党第十五次全国代表大会在北京举行,系统、完整地提出并论述了党在社会主义初级阶段的基本纲领。这次会议把邓小平理论作为党的指导思想写入了党章。

16. 1999年,明确非公有制经济是社会主义市场经济的重要组成部分

3月5日—3月15日,九届全国人大二次会议在北京举行。会议通过了中华人民共和国宪法修正案,明确非公有制经济是中国社会主义市场经济的重要组成部分,大大促进了社会生产力的发展。

17. 1999年,提出西部大开发战略

3月22日,《国务院关于进一步推进西部大开发的若干意见》提出了进一步推进西部大开发的十条意见。

12月20日,中葡两国政府澳门政权交接仪式隆重举行。中国政府对澳门恢复行使主权,中华人民共和国澳门特别行政区成立。

18. 2000年,"三个代表"重要思想提出

2月20日—2月25日,江泽民在广东考察工作期间提出了

"三个代表"重要思想。

19. 2001年，中国正式成为世贸组织成员

11月11日，在卡塔尔多哈举行的世界贸易组织第四届部长级会议通过了中国加入世贸组织法律文件，经过15年的艰苦努力，中国终于成为世贸组织新成员。

20. 2002年，十六大确定全面建设小康社会的奋斗目标

11月8日—11月14日，中国共产党第十六次全国代表大会举行。党的十六大立足于中国已经解决温饱、人民生活总体达到小康水平的基础，进一步提出了全面建设小康社会的构想，即在本世纪前20年，集中力量，全面建设惠及十几亿人口的更高水平的小康社会。这次会议把"三个代表"重要思想作为党的指导思想写入了党章。

21. 2003年，振兴东北地区老工业基地战略提出

9月10日，国务院召开会议，提出了振兴东北的指导思想和政策措施。

22. 2004年，"国九条"颁布

1月31日，《国务院关于推进资本市场改革开放和稳定发展的若干意见》（国九条）颁布，指出推进资本市场发展对中国实现21世纪前20年国民经济翻两番的战略目标具有重要

意义。

3月14日，十届全国人大二次会议审议通过了第四次宪法修正案，保护公民合法的私有财产不受侵犯写入宪法。

中国银行股份有限公司和中国建设银行股份有限公司分别于2004年8月26日和9月21日成立。两家国有独资商业银行整体改制为国家控股的股份制商业银行。国有商业银行进行股份制改革。

23. 2005年，农业税条例废止

4月29日，经过国务院批准，中国证监会发布了《关于上市公司股权分置改革试点有关问题的通知》，宣布启动股权分置改革试点启动。

10月11日，党的十六届五中全会通过《中共中央关于制定国民经济和社会发展第十一个五年规划的建议》，明确了今后五年中国经济社会发展的奋斗目标和行动纲领，提出了建设社会主义新农村的重大历史任务。

12月29日，第十届全国人大常委会第十九次会议通过《关于废止中华人民共和国农业税条例的决定》，新中国实施了近50年的农业税条例被依法废止，一个在中国延续两千多年的税种宣告终结。

24. 2006年，作出构建社会主义和谐社会重大决定

10月8日—10月11日，举行的党的十六届六中全会通过了《中共中央关于构建社会主义和谐社会若干重大问题的决定》。在我们党的历史上，第一次把"提高构建社会主义和谐社会的能力"作为党执政能力的一个重要方面明确提出。

25. 2007年，《物权法》出台

3月16日，《中华人民共和国物权法》由十届全国人大第五次会议通过，自2007年10月1日起施行。

26. 2007年，科学发展观写入党章

10月15日—10月21日，中国共产党第十七次全国代表大会举行。大会通过关于《中国共产党章程（修正案）》的决议，将科学发展观写入党章。

27. 2008年，奥运会在北京举行

8月8日至24日，第二十九届奥运会在北京举行。中国体育代表团第一次名列奥运会金牌榜首位。

28. 2009年，在全国10%的县进行新型农村社会养老保险试点

8月18日至19日，全国新型农村社会养老保险试点工作会议召开，提出2009年在全国10%的县（市、区、旗）进行新

型农村社会养老保险试点，以后逐步扩大试点，到2020年前基本实现全面覆盖。

29. 2010年，上海世博会召开

5月1日至10月31日，总共184天。2010年世博会（Expo 2010）在中国上海举行，这是中国首次举办的世界博览会。"城市，让生活更美好"（Better City，Better Life）是上海世博会的主题。

30. 2011年，神州八号与天宫一号成功对接

11月1日，我国自行研制的神舟八号飞船，在酒泉卫星发射中心发射升空，583秒后成功进入预定轨道。11月3日1时36分，神舟八号与此前发射的天宫一号成功交会对接。中国成为继美、俄之后世界上第三个完全独立掌握太空交会对接技术的国家。作为中国载人航天"三步走"战略目标第二步中的关键环节，突破和掌握空间交会对接技术，为开展更大规模的载人航天活动奠定了基础。

31. 2012年，十八大胜利召开

11月8日至14日，举世瞩目的中国共产党第十八次全国代表大会召开。2200多名代表来自全国各地，肩负8000多万党员和13亿人民的期望和重托。大会批准了胡锦涛代表第十七

届中央委员会所作的报告,批准了中央纪律检查委员会工作报告,审议通过了《中国共产党章程(修正案)》,选举产生了新一届中央委员会和中央纪律检查委员会。这是我国进入全面建成小康社会决定性阶段召开的一次十分重要的大会,是一次高举旗帜、继往开来、团结奋进的大会,党和国家的奋斗历程由此翻开新一页。11月15日,十八届一中全会选举习近平为中共中央总书记。

五、国际政要及外媒谈中国改革开放

改革开放以来,中国的发展举世瞩目。一些国际政要及外国媒体也从不同角度予以高度评价。

"中国自1978年以来的变化令人惊奇……中国经济正在为人们提供日益提高的生活水平和比以往更好的生活方式。"

——新加坡内阁资政李光耀

"每次来到中国,都会感受到这个国家的新变化。这次访问使我看到中国兄弟们取得了更大的建设成就,可以说整个国家都换了新颜。"

——巴基斯坦总统扎尔达里

"你们向世界表明，有可能在一个相对短的时间里消除贫困、注入活力、释放社会和经济创造力。"

——印度国大党主席索尼娅·甘地

"中国迈出了现代化的步伐，同时作为一个多民族国家，它得以保持稳定，这是过去一个世纪以来最重大的文明成就之一。"

——德国前总理格哈德·施罗德

"中国的开放进程将永远无法逆转。它还意味着，随着现代中国的现实变得愈来愈清晰，对中国的无知和恐惧会逐渐减弱。"

——英国前首相托尼·布莱尔

"中国取得的成就需要有对自己的国家忠诚而又愿意艰苦劳作的人民，而这两点并不是世界上所有其他国家都具备的。"

——美国前国务卿基辛格

"美国以至于国际社会，在中国成功融入世界经济的进程中都将受益。"

——美国前财政部长保尔森

"中国正在发展，其国际地位也在提高。中国所奉行的'负责任的政策'使之成为当今国际事务中的一个理性因素。"

——欧洲议会社民党副主席斯沃博达

"中国的改革开放成为了一场真正的革命,它发自深层,严肃而不可逆转。"

——委内瑞拉前议长奥斯瓦尔多·阿尔瓦雷斯·帕斯

"改革开放以来,世界看到了一个不断发展、负责任、爱好和平的中国。"

——菲律宾前总统拉莫斯

"30年前,中国还谈不上是世界上有影响力的大国,而现在中国的影响力随处可见。中国现在是一个迷人的新娘,世界各国都抢着要提亲。"

——尼日利亚外交部长特别顾问博拉

"改革开放唤醒了中国,让中国焕发出活力。"

——韩国前驻华大使权丙铉

"如果中国现在仍然与外部隔绝,为了喂饱众多的人口而不堪重负,那全世界将是另一番景象。"

——荷兰前驻华大使闻岱博

"众所周知,这些政策是现实和有效的。我注意到,在变革的起点上，站立着邓小平，他是20世纪卓越的改革家。按照我的观点，邓小平以及他政治上的战友和继承人——新体制的当代领导人，创立了这样的功绩：在世界上人口最多的国家，保持了政治社会稳定和经济高速发展，并且促使这个国家加入世界经济体系。"

——前苏共总书记戈尔巴乔夫

"改革开放使中国人民的竞争力得以完全释放……我很钦佩邓小平以及所有使中国走向富强的改革者。"

——《华盛顿时报》副主编芭芭拉·斯莱文

"从清一色的蓝灰色中山装，到牛仔裤、西服，再到各式各样的奇装异服；从柴米油盐的凭票供应，到可乐、汉堡、牛排以及各国美食遍布大街小巷；从集体宿舍到福利分房再到住房商品化；从一个人生老病死都在同一个地方到大范围流动；中国人正享受着改革开放带来的未曾有过的自由度和选择权。中国人这样，在中国生活的外国人也一样。"

——路透社北京分社社长林洸耀

"在中国全球化的同时，世界也在某种程度上'中国化'，这既表现在经济方面，也表现在文化方面。"

——俄罗斯《独立报》

"随着中国的开放程度越来越高,'心灵之间的障碍越来越少'。"

——日本共同社外信部主任中川洁

"对全人类来说,中国实行改革开放是一个关键时刻,因为从那时起,全世界1/5的人口开始摆脱贫困走向繁荣。"

——澳大利亚《悉尼先驱晨报》

第二章　改革涉及人民的切身利害问题

当年我们排除万难，积极推进改革开放的事业，就是因为我们知道改革涉及到人民群众的根本利益，我们推动改革开放事业的最终目的是为了使人民群众过上美好的生活。同样，人民大众在改革开放过程中的艰苦奋斗也再一次印证了这一道理：人民，只有人民，才是历史的真正创造者。所以，在任何社会，人民大众的力量都不可低估。

第一节　人民群众是推动历史前进的决定性力量

一、人民群众的智慧和实践是改革开放的原动力

邓小平在十二大开幕词中曾讲到我们党提出的各项重

大任务，没有一项不是依靠广大人民的艰苦努力来完成的。他多次代表我们党向全国的工人、农民和知识分子致以崇高的敬意。党的十四大前夕，邓小平在回顾改革开放历史时有一段很重要的话，大致意思就是说改革开放中许许多多的东西，都是群众在实践中提出来的，肯定了人民群众的伟大历史作用。比如提到乡镇企业和家庭联产承包责任制，他就说乡镇企业和家庭联产承包责任制不是哪个领导发明的，领导谁都没有提出过，包括他自己也没有提出过，突然一下子冒出来并且发展得那么快，那么有效果，这是群众的智慧，是集体的结晶。邓小平认为他的功劳只在于概括新事物，只有集体才能真正干成大事情。邓小平的话一方面真实地表现了他对人民的谦虚，另一方面也真实地反映了改革开放的生动历史，深刻地阐明了历史是由人民群众创造的科学原理。

历史是人民群众创造的，但人民群众创造历史之路往往不是一帆风顺的。在十一届三中全会以前的很长一段时间内，人民群众的积极性和创造力受到旧观念、旧体制的严重束缚。进入历史新时期，我们党倡导思想解放和改革开放，破除了陈旧落后的思想观念和习惯，革除了束缚劳动者的体制和机制，使劳动者和管理者的积极性和创造性得以发挥，从而形成巨大的、现实的物质生产力和精神生产力。

所谓生产力,是人类改造自然的能力,是社会发展的最终决定力量。人是生产力中最活跃、起主导作用的因素。这里的人包括劳动者和管理者。解放思想,解放生产力,首先就是解放人。十多亿中国人是最重要、最宝贵的资源。对比十一届三中全会前后两个历史时期,同样是这些中国人,所发挥的能量,所干的事业,所创造的财富,差距巨大。2008年,有关部门总结了全国18个典型地区开拓成功发展之路的经验,其中一条便是尊重人民首创精神。这18个地方能发展成功,都是因为各级党政干部能够深入群众,自觉主动地坚持人民主体地位,及时掌握和有效运用人民群众在发展实践中创造出的新思路、新做法,注重调动人民群众的积极性、主动性和创造性,推动了改革开放的顺利发展。

二、改革开放新时期人民创造历史的显著特点

在三十多年的改革开放和现代化建设事业中,我国人民积极投身社会实践,创造属于自己的美好幸福生活。纵观这三十多年人民群众创造历史的活动,呈现出两个显著的特点。

第一，人民群众创造历史的活动更加自觉。

在当代中国，一切赞成、支持和参加中国特色社会主义建设的阶级、阶层和社会力量，都属于人民的范畴，都是建设中国特色社会主义事业的依靠力量。但是在改革开放之前，由于当时的社会条件制约，广大人民群众受到多方面的束缚，即使有力量也不知道该往何处使。虽然为了自救，也想找出一条出路，但也是比较盲目。随着改革开放的向前发展，人民大众的合法权益和民主权利得到保护，老百姓看到了新的希望，觉得未来可以把握，自己可以支配自己的命运，也增强了国家主人翁的观念，对未来、对前途有了目标，有了计划。人们创造美好生活的自觉程度越来越高。所以在我们改革开放中才出现了那么多的风云人物。他们有冲破旧体制，创造"大包干"的农民；有坚决抵制姓"社"姓"资"争论，创办经济特区的带头人；有敢于否定计划经济，倡导市场经济的经济学家等等。这些风云人物敢为天下先的勇气和魄力，为我们开创了一个新的时代。

第二，新的社会阶层是中国特色社会主义事业的建设者。

在我国改革开放事业进行过程中，新的事物不断涌现。

我国出现了新的社会阶层和群体。新的社会阶层和群体，主要包括：民营企业的创业人员和技术人员、受聘于外资企业的管理技术人员、个体户、私营企业主、自由职业者等等。他们中的大多数人是从工人、农民、知识分子和干部队伍中分化出来的。据统战部副部长陈喜庆估算，目前的新社会阶层人数大约有5000万，加上在相关行业的所有从业人员，总人数约1.5亿，而且还在继续扩大。新的社会阶层是在党和国家改革开放政策的允许下出现的，其经营活动要遵守国家的法律、法规和政策。在党的方针、政策指引下，通过诚实劳动、合法经营，新的社会阶层已成中国经济和社会发展的重要力量，他们掌握或管理着10万亿元左右的资本，使用着全国半数以上的技术专利，并直接或间接贡献着全国近1/3的税收，每年吸纳着半数以上新增就业人员。

社会主义初级阶段社会生产力的发展为新的社会阶层从无到有产生了条件。首先，新的社会阶层的出现是我国市场经济发展的产物。我国从过去的单一的公有制计划经济，转变为以公有制为主体、多种所有制经济共同发展的基本经济制度。一方面，传统行业容纳不了太多的劳动力。另一方面，新兴行业和组织又以它的新颖和灵活为许多人提供了新的可能。许多不满足现状,想要寻找新的机会提升自己或者改变自己的命运的人,不断地陆陆续续地进入新兴行业或自主创业,成为新的社会阶层的组成一员。其次,随着生产力、经济结构的发展变化,社会的劳动分工越来越精细,为新的阶层的出现产生,提供了不可忽视的从业条件。新的社会阶层涉足了中国经济和社会生活各个领域和行业,科学、经济、技术、管理、教育、文学、艺术、体育、餐饮行业等等。再次,产业结构的变化,相应地引起了就业结构的变化和社会阶层结构的变化。在国民经济总产值中,第一产业所占的比重下降,第二、第三产业所占的比重上升。大批被分流出来的职工和农民纷纷转移到第二、第三产业,其中一些人成为私营企业主或个体户。

从总体上看,新的社会阶层中的广大人员,拥护共产党的领导和社会主义制度,遵纪守法,热爱祖国。他们勇于开拓、敢冒风险,是改革开放实践中的闯将,在改革开放事业进程中,发挥着越来越重要的作用。但是由于内部构成复杂,人员素质参差不齐,他们中的少数人给人们留下负面印象。所以,我们既要肯定新的社会阶层的积极作用,又要对他们进行教育引导,促使他们更健康地发展。伟大而艰巨的中国特色社会主义建设事业，需要全社会的合力来共同推进。对于新的社会阶层，要扬利除弊，使他们和包括知识分子在内的工人阶级（包括农民工）、广大农民一道，为改革开放和现代化建设提供强大的人才保障，成为推进我们社会主义事业各方面建设，促进社会进步的根本力量。中共中央2006年11月颁发的《关于巩固和壮大新世纪新阶段统一战线的意见》中指出："新的社会阶层人士是统一战线工作新的着力点，要最大限度地把他们团结在党的周围，充分发挥他们的作用，不断为实现中华民族的伟大复兴凝聚新力量。"

农民工的力量不可低估。在这里我们强调一下亲爱的农民工兄弟。改革开放以来，农民工成为中国工人的重要组成部分，目前中国的农民工总数已达2.6亿，是一个数量巨大、还在不断增长的社会新生群体。他们分布在城市的各行各业，占从业人员的比例，有的是一半，有的是60%—70%，在建筑等行业，更达80%。不少农民工已经成为优秀的产业工人，有些已成为管理人员。中共高层十分重视农民工。2008年春，朱雪芹、胡小燕、康厚明3位农民工首次出现在人民大会堂，参加全国人民代表大会，被媒体给予一个新称呼：农民工代表。在2012年11月的中共十八大上，26位农民工党代表的身影格外引人注目。国内外舆论都认为中国共产党越来越注重"草根阶层"的权利保障。目前，农民工还是相对弱势群体，他们来到城市打工，在收入、住房、社保、就医、子女上学等方面，都遇到一系列障碍，生活水平、社会地位与城市人相比有着较大差距。他们对经济社会发展贡献巨大，又有自身特殊困难、利益诉求，因此，最高国家权力机关增加他们的声音，有利于更好地保障他们的权益，体现我们社会主义的优越性，即人民当家做主。

三、落实以人为本，充分发挥人的潜能

十六大以来，以胡锦涛为总书记的党中央提出以人为本。以人为本就是强调尊重人民的主体地位，保障人民的各项权益，发展为了人民，促进人的全面发展。为了进一步推进改革开放和现代化建设，实现全面建成小康社会的宏伟目标，需要更多吸取人民群众的智慧，依靠人民群众的力量，实现人的进一步解放，这样才能更好地释放社会各个阶层的巨大潜能。

第一，要努力破除阻滞我们实现以人为本的各种障碍。

以人为本就是一切以最广大人民群众的利益为本，体现

了马克思主义历史唯物论的基本原理。但是现在，在我们社会里，真正落实以人为本仍然有很大的难度，这和我们经历了长期的封建社会历史有关。关于封建社会的特点，在《马克思恩格斯全集》第1卷第411页中这样说到："专制制度的唯一原则就是轻视人类，使人不成其为人，而这个原则比其他很多原则好的地方，就在于它不单是一个原则，而且还是事实。专制君主总是把人看得很下贱。""君主政体的原则总的说来就是轻视人，蔑视人，使人不成其为人。"在这里马克思虽然是针对德国的封建社会有感而发，但这个话也适合说明中国封建社会普遍存在的现象。社会主义制度虽然建立，并且发展这么多年，但封建主义残余影响依然存在。我们必须严格执法，以法治代替人治。司法机关应该不受其他机关、领导的非法干预，独立公正地行使司法权。按照公正司法、文明执法的要求，完善司法机关的机构设置、职能划分和管理制度，形成权责明确、相互配合、相互制约、高效运行的司法体制和工作机制，维护司法权威，维护公民、法人和其他组织的合法权益，维护社会公平和正义。要加强执法、司法队伍的建设和对他们工作的监督，防止他们滥用权力。

第二，落实以人为本，必须着力提高公民的素质。

科学技术是第一生产力，而人是生产力中最为活跃的因素。特别是高素质的公民对生产力的发展发挥着重要作用。劳动者的素质，知识分子的数量和质量，决定着我们国力的强弱，发展后劲的大小。知识经济时代，我国的经济、政治、社会、文化生活发展到更高的水平，对人的素质提出了更高的要求，我们不仅需要"资本家"，更需要"知本家"。因此我们必须大力发展社会主义文化，建设社会主义精神文明，着力培育有理想、有道德、有文化、有纪律的公民，为经济社会发展提供强大的精神动力和智力支持。人的素质不仅包括知识、技能水平的提高，还包括人格、心理健康方面的教育。做到德、智、体全面发展，而且德育应放在第一位，学校首先应该是教学生做人，品德和人格更重于知识技能培养。此外，人的创新能力、创业能力也很关键。创新是民族进步的灵魂，是国家兴旺发达的不竭动力，也是一个政党永葆生机的源泉。科学的本质就是创新，自主创新，这是中国下一步发展的关键。

第三，积极扩大就业政策。

为了进一步发挥我国劳动者的潜能，国家积极出台、完善支持自主创业、自谋职业政策，加强就业观念教育。就业是人民生活的根本所在，是保障、改善民生的重要条件。在我国，劳动力资源很丰富，这是一个有利的条件，能促使我国经济持续地较快地发展。当然，这也是把双刃剑，扩大就业的压力不小，今后一段较长的时间内，就业形势严峻将是我们不得不面临的一个重大问题。因此，现在在我们的社会经济发展中，扩大就业被放在一个比较突出的、显要的位置。要继续实施并切实落实积极的就业政策，坚持引导劳动者自由、自主择业、市场调节就业、政府促进就业的方针，多渠道多方面扩大就业。首先，千方百计增加就业岗位。坚持发展经济与促进就业两个方面互动，发展经济的同时要调整就业结构，用发展来促进就业，扩大就业范围和规模。大力发展各种劳动密集型产业、服务业和中小企业，一切有利于扩大就业的新行业、新产业要积极发展、鼓励，帮助、支持和引导非公有制经济发展，推进小城镇建设和县域经济发展，尽最大可能地增加工作岗位。其次，鼓励更多的人自主创业，积极寻找自己的出路。以创业带动就业、自谋职业是解决就业问题的一个重要途径，我们要大力支持和鼓励。创业者通过自己的创业，不仅自己实现了就业，还可以创造条件让更多的人就业。我们要完善支持自主创业、自谋职业的相关政策和营造、加强相关各方面的社会管理。放宽市场准入限制，加强技能培训和提供各方面服务信息，培育创业主体，让更多人成为创业者。这方面，江浙地区为我们提供了很好的经验，我们要善于归纳、总结、应用。再次，推进就业体制的改革创新。要统筹城市就业和农村富余劳动力转移就业，建立规范的人力资源市场，形成劳动者平等就业的制度，使就业服务体系覆盖城乡。帮助困难群众和困难家庭就业，政策要对他们倾斜。高校毕业生就业是我们不可忽视的一个重要方面，要做好他们的就业工作，鼓励和引导他们面向农村、面向基层就业。最后，处理好企业和劳动者之间的关系，依法维护劳动者权益，发展和谐劳动关系。要规范企业行为，落实国家对农民工的政策。要加强劳动执法监督，特别要解决好过度加班、非法用工等问题，维护劳动者合法权益。通过各方面政策的综合配套实行，促使我国由人口大国转化为人才资源强国。

第四，尊重劳动、尊重知识、尊重人才、尊重创造。

劳动、知识、人才、创造四者是一个具有内在联系的统一整体，其中劳动居于基础和核心的地位；创造财富的重要资源是知识，但是知识只有被劳动者所掌握，并通过劳动资料才能形成实际的财富。知识资源的载体毫无疑问是人，人的本质在于创造性。人只有通过劳动，为社会创造出物质财富和精神财富，才能体现自身的价值，才能成为名副其实的人才。创造本身就是一种劳动，创造过程即是劳动者最大限度地发挥聪明才智的过程。党的十六大要求把"四个尊重"作为党和国家的一项重大方针在全社会认真贯彻，其着眼点就是坚持群众路线，深刻认识到人民群众是改革发展的主体和动力，是稳定的力量源泉和深厚基础。只有坚持"四个尊重"，才能最广泛最充分地调动一切积极因素。现阶段，一切有益于人民和社会的劳动，体力劳动、脑力劳动、简单劳动、复杂劳动，只要是为我国社会主义现代化建设做出贡献的劳动，都应该得到承认与尊重。一切合法的劳动收入和合法的非劳动收入，也都应该得到保护。我们要不断深化改革，努力创造一个平等竞争的社会环境，使全社会创造能量充分释放，创新成果不断涌现，创业活动蓬勃开展。

第二节　改革开放以来的风云人物举要

回望改革开放三十多年的历史，改革开放对我们的影响可谓方方面面，其中对人的影响尤为明显。在一个社会里，人的整体能力的释放和社会环境密不可分，改革涉及了人民的切身利害问题，每一步都会影响成亿的人。正是因为改革开放，才使得我们这个社会人才辈出。为了纪念改革开放30年里中国人的努力奋斗的历程，南方报业传媒集团和南方都市报评选的"30年30人：改革开放30年风云人物"于2008年11月24日在广州白天鹅宾馆揭晓。在这里，我们汇总摘要改革开放以来的30个风云人物的光辉事迹，通过他们来见证历史，告诉未来。

一、光明日报特约评论员胡福明、孙长江

胡福明和孙长江是《实践是检验真理的唯一标准》的主要创作者。当时胡福明在南京大学哲学系教书，而孙长江则是中央党校理论研究室理论组组长。

1977年12月，胡耀邦在中央党校有个讲话，提出要以"真理标准"对付"两个凡是"。以此为指导，由《理论动态》的孙长江起草一篇文章，题目就叫《实践是检验真理的唯一标准》。与此同时，南京的胡福明也正在赶写《光明日报》向他约稿的《实践是检验一切真理的标准》。主题相似

的两篇文章最终由孙长江糅合在了一起，经胡耀邦审定，以《实践是检验真理的唯一标准》为题，首发在1978年5月10日的《理论动态》第60期上。第二天，《光明日报》在头版发表。紧接着，全国29个省、市、自治区的党报、党刊转载，一场关于真理标准问题的大讨论在全国展开，为我国政策的转变作了思想上的准备，吹响了实行改革开放的伟大号角。

1978年6月2日，邓小平发表讲话，明确支持《实践是检验真理的唯一标准》的观点。从最早响应的甘肃，到最晚的湖南——除台湾省外，全国各省、市、自治区党委纷纷对"真理标准"问题表态，支持真理标准讨论。1978年12月18日，中共十一届三中全会在北京开幕，人们清楚地意识到一个新的时代开始了。

二、于光远

1915年生于上海，著名经济学家、政论家、社会活动家、"百科全书式的学者"。作为党内老一辈的经济理论权威和第二代中央领导集体的智囊，他是当代思想解放运动和改革开放的重要参与者和见证人。

1978年11月，于光远参加十一届三中全会之前召开的中央工作会议，也是这次会议把于光远与改革开放紧密联系在一起。在这次会议上，他参与起草了著名的讲话《解放思想，实事求是，团结一致向前看》。此后，于光远又多次参与讨论中央文件的起草，多次主张将社会主义初级阶段的概念和基本特征写入中央文件。

作为一名经济学家，他对社会和学术都有着深切的关心，并通过寻找两者间的关联来确定自己的学术研究方向。他的多部著作《政治经济学社会主义部分探索》、《中国社会主义初级阶段的经济》、《经济社会发展战略》、《社会主义市场经济主体论杂记》、《我的市场经济观》、《于氏简明社会主义所有制结构辞典》等等，系统阐述了社会主义生产目的、社会主义按劳分配和社会主义所有制改革等重大问题。此外，他还提出进行一些新学科的研究，比如消费经济学、教育经济学、环境经济学、国土经济学等等。

三、杜润生

1913年生，山西省太谷县人。

1976年，作为中国农村问题专家，他敏锐地觉察到农民对包产到户的渴望，感到农村实行包产到户是大势所趋。因为当时包括小岗村在内，全国有很多地方都在偷偷试行包产到户。

1979年初，他担任国家农业委员会的副主任。在各种会议上，他都倡导中国农村要实行包产到户，并且给胡耀邦、邓小平等人阐述他关于包产到户的主张。直到获得广泛支持，使得这一政策在农村真正落实。杜润生认清了农村改革这个大势，就是顺应农民改革的自发涌动。随后他又陆续推动五个一号文件出台，创造一切条件帮助农村、农业、农民发展。

他善于倾听来自农民的声音，中国十多亿的人口，有3/5是在农村，是农民。他深刻地认识到，农民是三农问题的主体，是这个社会不可忽视的力量。中国农村家庭联产承包责任制的最终确立，杜润生功不可没。

四、小岗村18户村民

小岗村曾经是一个生产队，落后贫穷。"大跃进"和三年大饥荒，小岗村饿死了近一半人。穷则变，变则通。十一届三中全会召开前后，没什么政治理念的18名小岗户主在一份错字连篇的"生死契约"上按下鲜红的手印："我们分田到户，每户户主签字盖章。如此后能干，每户保证完成每户全年上交的公粮，不在（再）向国家伸手要钱要粮。如不成，我们干部作（坐）牢杀头也干（甘）心，大家社员也保证把我们的孩子养活到18岁。"这份不起眼的契约的签订，却标志着一个新时代的开始，小岗村只用一年就解决了温饱问题。小岗的分田到户不仅得到了时任安徽省委书记万里的支持，也得到了邓小平的支持。

根据《人民日报》报道，2008年9月30日上午，胡锦涛考察小岗。在这里留下一段再次改写中国农村命运的话："以家庭承包经营为基础、统分结合的双层经营体制是党的农村政策的基石，不仅现有土地承包关系要保持稳定并长久不变，还要赋予农民更加充分而有保障的土地承包经营权。同时，要根据农民的意愿，允许农民以多种形式流转土地承包经营权，发展适度规模经营。"现阶段，中国农村的改革又站在一个新的历史起点上，小岗村要继续发展，就必须进一步探索新路子。

今天的小岗正在积极筑巢引凤，以期在新一轮农村改革中真正崛起，跨入富裕村之列。

五、任仲夷

1914年9月出生于河北威县,2005年11月15日在广州逝世,享年92岁。任仲夷虽然离开了我们,但作为广东改革开放的先驱和闯将,他的精神永刻在我们心中。他敢为天下先,最早撰写文章批判"两个凡是",他也是全国最先支持包产到户的为数极少的省委第一书记。任仲夷曾经回忆,他来广东工作之前,曾陆续受到中央领导邓小平、叶剑英、李先念等人的接见。来到广东之后,他记着邓小平给予这里的交代:"杀出一条血路来。"

任仲夷不仅是个勇者还是一个智者,他有一颗仁义之心,一切以民为重。他深深地知道,中国人在计划经济体制中被压抑得太久,他们已经受够了贫穷和苦难,心中充满致富的渴望,对美好生活充满了向往。在广东,改革要坚持,发展要加快。1985年,任仲夷退休,广东的经济总量已经跃居全国第一位。

六、项南

1918年11月出生在福建连城,原福建省委第一书记,中国改革开放的先锋人物。

　　1980年底至1986年初，项南主持福建省委工作期间，坚决贯彻落实党中央的路线、方针、政策，结合福建省的实际，大力推进改革开放，积极引进外资，落实农村联产承包责任制，极大地改变了福建落后的面貌，深得福建人民爱戴。他任职期间，是新中国成立以来福建省发展最好的时期之一。

　　他敢于向中央要权，支持厦门特区的探索。1980年12月，国务院正式批准成立厦门经济特区。当时这块特区，仅有2.5平方千米的面积。1984年春天，项南抓住邓小平第一次"南巡"的时机，向邓小平当面提出两点建议：一是厦门全岛都开放；二是把厦门变成自由港。中央"85号文件"基本采纳了这些建议。

　　此外，项南积极支持国有企业改革，并大力扶持福建乡镇企业发展。在乡镇企业饱受各种质疑和非议时，项南却提出：乡镇企业和全民企业是孪生兄弟，要把乡镇企业看得比亲生儿子还要亲。

　　2008年值项南诞辰90周年，时任中共中央政治局常委、全国政协主席的贾庆林为此填写了一首《满江红——忆项南同志》："骇浪惊涛，从容渡，常存锐气。谋发展，鼎新革故，识途老骥。因地制宜大手笔，富民强国勤筹议。令八闽百姓至如今，犹铭记。特区建，倡松绑；基础奠，扬优势。先行山海经，除弊兴利，一己苦甘何足道，宏图伟业魂萦系。待吾侪一曲浩歌吟，为公祭。"高度概括和评价了项南主政福建的贡献。

七、霍英东

1923年5月生，原名官泰，祖籍广东番禺，生于香港。1992年11月至1996年11月，任香港中华总商会会长。1985年，任香港特区基本法起草委员会委员。1993年3月，当选为第八届全国政协副主席。1998年3月，当选为第九届全国政协副主席。2003年3月，在全国政协十届一次会议上当选为第十届全国政协副主席。2006年10月28日，在北京因病逝世，享年84岁。

1979年，他投资兴建中山温泉宾馆，成为最早到内地投资的香港企业家之一。1983年，他与广东省有关部门合作兴建的广州白天鹅宾馆开始试营业，成为第一家内地与香港合资的五星级酒店，也是我国第一家由中国人自己设计、施工和管理的大型现代化酒店。他先后投资或捐赠了番禺大石大桥、洛溪大桥、沙湾大桥和广珠公路上的4座大桥等多个重大项目。他为广州南沙的开发建设呕心沥血十多年，在滩涂上建起了广州南沙海滨新城。他坚决拥护"一国两制"，为确保香港平稳过渡、顺利回归和长期繁荣稳定做出了突出贡献。他的基金会对全国各地教育文化事业的捐赠累计达7.6亿港元，他通过自己创立的基金会，在内地兴建了数百个项目，总支出90多亿港元。他为北京主办第十一届亚运会和申办2008年奥运会做出了重大贡献。

他作为爱国资本家的形象，已经深入人心。

八、吴南生

1922年8月生于汕头市，深圳特区第一任市委书记，广东经济特区的开拓者之一。

三中全会之后，吴南生认为要真正落实改革开放政策，广东要掌握主动权，先走一步。他提议，先划出一块地方，用各种优惠的政策来吸引外资，把国外先进的东西引进来，这个地方可以设在汕头。他的提议得到了时任广东省委第一书记的习仲勋的支持。万事开头难，经过一年多的努力，

1980年8月26日，第五届全国人大常委会第十五次会议通过《广东省经济特区条例》。这标志着中国正式揭开了试办经济特区的序幕。

吴南生认为：办特区就是要改掉苏联那种僵化集中的模式，自以为是的计划经济。在当时重重阻力和压力面前，他积极尝试走市场经济的新路子。他有个著名的"约法三章"：只做不说，多做少说，做了再说。总之，"要趁那些反对办特区的人糊里糊涂弄不清楚看不明白的时候把经济搞上去再说"。

1984年春，邓小平视察了深圳、珠海，分别为两个特区题词，充分肯定试办特区的政策是正确的。吴南生在总结经验时认为，特区最大的贡献就是突破，把市场经济引进来了，这也是特区之所以成功的根本原因。

九、袁庚

1917年4月生于广东宝安，深圳蛇口工业区缔造者，主政蛇口14年。

1978年，62岁的袁庚向中央建议设立蛇口工业区。1979年7月20日，蛇口工业区正式运作。他带领一批老蛇口人，在蛇口2.14平方千米的土地上，开启了中国改革开放中的"蛇口模式"。得到了时任国务院副总理万里的肯定。他提出"时间就是金钱，效率就是生命"，作为第一个吃螃蟹的人，他打破"大锅饭"，第一次进行工程招标，第一个商品房项目，第一个社会保险，第一次人才招聘，都是出现在他主政的蛇口。在蛇口工业区，他进行一系列的民主试验，试行"干部冻结原有级别，实行聘任制"，并对领导干部实行公开的民主选举和信任投票制度，搬掉了干部终身制的铁交椅。

袁庚说，他所做的一切，不过是想在蛇口打造一个免除恐惧的环境，使人成为真正的人，能充分发展自己的才华，受到社会的尊重，而不是违背自己的良知，扭曲自己的个性。曾经被认为是乌托邦的蛇口，为中国的改革开放提供了很好的经验，袁庚的理想在中国一步一步成为现实，并造福于整个社会和人民。

十、钟南山

1936年10月出生，福建厦门人。广州医学院第一附属医院广州呼吸疾病研究所所长、广州医学院院长、中国工程院院士。他是呼吸道疾病方面的专家，中国治疗呼吸系统疾病的领军人物。2003年抗击"非典"先进人物。

突如其来的非典型肺炎，把钟南山推到了一场大战的最前线。在2003年我国非典疫情中，他确立了广东的病原学，创建了合理使用皮质激素，合理使用无创通气，合理治疗并发症的方法治疗危重非典患者。广东和广州的死亡率是全世界最低的，存活率达到96.2%，是国际上最高的。钟南山曾应邀在全美胸肺学会（ATS）上作了有关"非典"的专题学术报告。大会主席比思尔教授在总结中强调："我们获得了防治SARS经验的最新报告，亚洲的经验将为全球对SARS有效控制提供有价值的启示。"通过这次学术报告，国际社会对中国疫情有了一个比较客观公正的认识。

在非典猖獗的特殊时期，钟南山为了救死扶伤，始终工作在医疗最前线。此外，他还为了指导其他疫区的工作奔波劳顿，倡导各疫区与国际卫生组织密切合作。因功勋卓著，他被广东省荣记特等功，被广州市授予"抗非英雄"称号，荣获全国"五一"劳动奖章。

十一、王选

两院院士，被人们誉为"当代毕昇"。

1937年2月出生于上海，2006年2月13日因病逝世，享年70岁。他是汉字激光照排系统的发明者，同时也是该技术的负责人。他所领导的研究小组研制出的汉字激光照排系统，为出版、新闻全过程的计算机化奠定了基础，引发了我国印刷业的一场技术革命，被誉为"汉字印刷术的第二次发明"。1992年，世界首套中文彩色照排系统由王选研制成功。2001年获国家最高科学技术奖。将研究成果惠及全社会，王选是成功典范中的典范。有人甚至说，就像坐在灯光下要感谢爱迪生一样，捧读中文书刊时得感谢王选。2009年9月14日，他被评为100位新中国成立以来感动中国人物之一。

王选获得的各种奖项不计其数，但是他从不以此为傲。他非常重视年轻人，为了鼓励才华横溢的年轻人的发展，他曾经提议：国家的重大项目，863计划，学术带头人，要小于或等于55岁。他力图撕破院士神话，不惜拿自己开刀。"院士者，就是他辛勤奋斗一生，做了贡献，晚年给他一个肯定。这是过去时，而非现在时，更不是将来时。比如说我，就是个过时的科技工作者。"

有人这么说，从科学、技术再到企业，王选之后不会再有第二个王选。

他的优秀，他的正直，使得他同中共中央领导同志结下了深厚的友情。

十二、袁隆平

1930年9月生于北平。现任国家杂交水稻工程技术研究中心主任，湖南省农科院研究员，中国工程院院士，湖南省政协副主席。首届"国家最高科学技术奖"获得者，获得美国菲因斯特拯救饥饿奖，联合国粮农组织颁发的"粮食安全保障荣誉奖章"及"先驱科学家"等国际大奖。2006年4月当选美国科学院外籍院士，2011年获得马哈蒂尔科学奖，2012年被评为20世纪影响中国的25位企业家之一。

袁隆平从1964年开始对杂交稻的研究。1973年10月，他发表了题为《利用"野败"选育三系的进展》的论文，正式宣告我国籼型杂交水稻"三系"配套成功。从这开始，是一个又一个奇迹。1985年，袁隆平提出杂交水稻育种的战略设想，到1995年，袁隆平和他的团队便研制成功两系杂交水稻，再到1997年提出超级稻育种技术路线，2004年提前一年实现超级稻第二期目标。其结果是，我国水稻的产量从亩产300千克达到了847千克。

埃及前总统穆巴拉克在联合国会议上发言时曾有这样一句话："你可以不知道中国，但你不可以不知道袁隆平。"从1980年开始，袁隆平曾先后赴美国、日本、法国、埃及等多个国家传播杂交水稻技术，并被当时的国际水稻所所长誉为"杂交水稻之父"。如果说改革开放同时也是中国面向世界、融入世界的过程，那么在过去三十多年里，袁隆平和他的杂交稻同样把中国带给了世界。

有媒体报道称，在一项无形资产评估中，袁隆平三个字的品牌价值被估价超过1000亿元。但"在荣誉和财富的簇拥下，袁隆平魂牵梦萦的却只有粮食问题"。

十三、杨利伟

辽宁葫芦岛市绥中县人，1965年6月21日出生。特级航天员，中国首位进入太空的航天员，小行星21064是以"杨利伟"来命名的，2011年当选为国际宇航科学院院士。

对于人们来说，"杨利伟"这个名字，像中国航天史的一个标志，被定格在了2003年10月15日。也是从那天开始，杨利伟成为了"中国飞天第一人"以及整个中华民族的"航天英雄"。为走到这一天，他付出了常人难以想象的艰辛努力。

"我为祖国感到骄傲！"这是杨利伟返回地面后向欢迎他的人们说出的第一句肺腑之言。首飞成功后，许多人问他太空独旅一点都不害怕吗？他掷地有声地说："送我上太空的是我们中国人自主研制的最好的火箭和飞船。有祖国和人民做坚强后盾，我的确不紧张，也没什么可怕的。"

回首中国航天事业短暂而又辉煌的历程，改革开放这一宏观大背景是绝对不能被忽略的，正如中国载人航天工程总设计师周建平所说，"如果没有30年来改革开放积累的综合国力，没有这个大背景下孕育而成的创新精神和科技进步，就没有中国航天的今天"。

十四、高耀洁

1927年生，山东曹县人。

河南省中医学院第一附属医院的退休教授，中国首位国际卫生组织"健康与人权"奖获得者。她最早揭开河南"艾滋病村"之谜并勇敢地说出真话，引起国内外的广泛关注，被誉为"中国民间防艾第一人"。2003年底，时任国务院副总理的吴仪曾点名会见高耀洁，向她了解艾滋病的传播途径、病人现状和治疗意见。

　　1996年，她发现因输血感染艾滋病的病例，开始意识到血液传播艾滋病的严重性。从这一年开始，她自费进行艾滋病防治和救助工作，并从2000年开始将主要精力放在对艾滋遗孤的救助方面。2001年，"全球卫生理事会"授予她当年"乔纳森·曼卫生及人权奖"，她将2万美元奖金和1万美元赠款，全用来加印《艾滋病性病的防治》一书。联合国秘书长安南称赞她是一位在中国农村从事预防艾滋病宣传教育的女性活动家。2002年，她被美国《时代》杂志评为"亚洲英雄"、被《商业周刊》授予"亚洲之星"称号；2003年上半年，又获得"亚洲的诺贝尔奖"——亚洲拉蒙·麦格塞公共服务奖；2004年当选中央电视台"感动中国"2003年年度人物；2007年3月，赴美接受了世界妇女权利组织"生命之音（Vital Voices Global Partnership）"的年度"全球女性领袖"奖。

　　这位历史的体察者，经历八十余载风雨，自觉、自醒、坚守尊严、守护真相，诠释了一个真正意义上的中国人该有的风貌。

十五、江平

1930年出生于大连，祖籍浙江宁波。中国政法大学前校长、终身教授、著名民商法学家、社会活动家，为推动我国的立法工作做出了重大贡献。

1978年前后，懂法律的专业人才已经成为中国的稀缺人才。他在承担繁重的学校管理工作和教学工作之余，参加多部法律、法规的制定和起草，为中国法学事业呕心沥血。他说："我们这一代法律教育工作者，应该作为梯子，通过自身的经历能够在法学教育战线上培养出一批具有现代法律意识、具有民主法制观的新一代法律工作者才是自己最大的贡献。"他从不迷信权威，喜欢的名言是"只向真理低头"。这也是他在参与起草每一部法律时的判断尺度。"我常对自己说，思考，思考，再思考！没有独立思考精神，学者就会失去独立判断。"

《物权法》从规划、起草到通过，跨越13年，江平为之付出艰辛努力。作为起草专家小组负责人，他要给出现的各种争论解惑排疑。"财产权是人权中很重要的一部分,人权不仅是政治权,还有经济权。"

他一生追求自由、公平、民主和法治。他为学校题词"法治天下",他说这正是自己的"中国梦"。

十六、周瑞金

1939年生于浙江平阳。著名政论家,历任《解放日报》记者、编辑、评论部主任、副总编辑以及党委书记兼副总编辑,1993年,调任《人民日报》副总编辑兼华东分社社长。

1991年羊年的大年初一,《解放日报》上有一篇《做改革开放的"带头羊"》的评论,倡导中国改革开放,搞市场经济。评论的作者名叫"皇甫平"。从2月到4月,他陆续在《解放日报》上发表了《改革开放要有新思路》、《扩大开放的意识要更强些》、《改革开放要有大批德才兼备的干部》。周瑞金是"皇甫平"之一。据他解释,"皇甫平",就是"奉命辅佐邓小平"的意思,实际上所奉的是人民之命。从此,这个名字成为中国改革开放一个重要的符号。

2000年,周瑞金从《人民日报》副总编的位置上退居二线。2004年,他接受人民网记者采访时说自己宁愿做一个痛苦的清醒者。2006年，他头顶"皇甫平"的名号再战江湖。从这年年初的《改革不可动摇》，到随后的《越南改革值得关注》，10月份针对上海社保案又是一连4篇时评。周瑞金说："一篇文章是不能改变什么，但我就这一支笔啊！"可见，当皇甫平既需要勇气，也需要良心和见识。

十七、张锦明

1957年3月生于四川蓬溪，现任四川省绵阳市委副书记。

20世纪末期，张锦明任四川省遂宁市市中区委书记时，积极进行乡镇长选举改革试验，成为引人关注的基层政治改革人物。如果说乡镇长公选是张锦明的第一次尝试，尔后的步云直选则更为惹人注意。相比于乡镇长的公选，直选显得更为"冒进"。步云"冒进"来自于民间的一番抱怨：公选干什么？简直是作秀！上面早指定了那些候选人！这句无心之语，使张锦明备受刺激。她觉得要想减少抱怨，那就应该直接把选举权归于普通选民，公选变直选。十多年来，步云直选留给基层的意义被反复咂摸，"怎么评价都不为过"，一位党建专家说。

2002年8月，45岁的张锦明由遂宁副市长调任雅安市委常委、组织部长。如果说乡镇长直选只是点的突破,张锦明在雅安推动的政改就是面的爆破,顺势而来。2002年底,雅安市雨城区进行了中共历史上第一次县级党代表的直选。随后,一系列党务政策试点在张锦明的推动下,陆续在雅安展开:党代会年会制、党代表席位制、党代表述职测评制度,以及更具有实质意义的谋求监督、决策、执行三权制约的党代会内部权力配置改革。

2003年,四川省下发《关于市、县(市、区)党代表大会常任制的试点意见》,雅安的一些经验被吸纳,此后全国大部分省份先后前来交流学习。

2007年换届,党委实行常委分工负责制,张锦明主动请缨,分管新农村建设。这一次她将村民和村干部请上了讲坛,她说他们才是新农村的主人,新农村建设首先要听听他们的意见。

十八、马化腾

1971年生,广东汕头人。1993年于深圳大学计算机系毕业。腾讯执行董事、董事会主席兼首席执行官、腾讯主要创办人之一。2013年,他被评为"中国十大创新企业家"。

1998年11月，和好友张志东创办腾讯计算机系统有限公司。2004年6月16日，腾讯公司在香港上市。腾讯现已发展成为中国市值第一、收入第一、利润第一的综合互联网公司，在全球互联网公司中市值也位居第三。腾讯QQ的发展深刻地影响和改变着数以亿计网民的生活方式。

马化腾常常被看作为本土创业成功的年轻一代的代表。他并不是多么聪明，性格内向，他的成功中有很多时代的因素。他是个典型的工程师，醉心于技术，不擅长交际，腾讯的工程师文化也因此闻名于业界。有人说，在互联网行业里，他是典型的南派代表，比较内敛。在很多人眼里，他的生活是枯燥单调的。现在的他，对财富和名声都看得很淡，只想静静地缔造一个互联网生活平台，让网络带给中国人更多的精彩。2012年4月，福布斯中文版于上海第七次发布中国慈善榜。腾讯总裁马化腾以1.088亿捐款位列慈善榜第11位，成深圳首善。

十九、薛暮桥

1904年生于江苏无锡，2005年7月，101岁高龄的薛暮桥在北京病逝。中国经济学泰斗，首届中国经济学奖获得者，被誉为"市场经济拓荒者"。

他的主要著作有《中国农村经济常识》、《中国社会主义经济问题研究》、《我国物价和货币问题研究》、《按照客观经济规律管理经济》、《当前我国经济若干问题》等。1979年,他发表的《中国社会主义经济问题研究》,被誉为我国经济体制改革的启蒙教材。1980年,他起草的《关于经济体制改革的初步意见》,是我国市场取向改革的第一个纲领性文件。1990年,他写出《关于社会主义经济的若干理论问题》和《致中共中央常委的信》,把市场取向改革的理论提升到一个新的高度,为最终确立改革的市场化方向做出了重要贡献。

在中国最重要的两个经济体制,都有薛暮桥的身影。他对中国的经济体制产生了重要影响。通过他,人们相信经济学的确是经世济民之学,是可以造福国家、社会与公众的。

他说过:"我一生抱定的治学宗旨是,不断追求真理,知错必改,在实践中不断修正和发展自己的世界观,当然也包括我的经济观……在实践、认识,再实践、再认识的发展过程中捕捉社会主义经济发展的客观规律。"

二十、吴敬琏

1930年1月24日出生，江苏武进人。当代中国杰出经济学家、著名市场经济学者、首届中国经济学奖得主、天则经济研究所理事。

他的研究领域包括理论经济学、比较制度分析、中国经济改革的理论和政策、现代公司治理，鲜明地坚持市场取向的改革主张，以"吴市场"这个名字成为改革开放的标志性人物。1982年和别人合写的《关于社会主义经济的计划经济属性和商品经济属性》和《试论社会主义计划经济的调节方式》等文章，鲜明地提出社会主义经济具有商品经济的属性。

1984年7月，参加由马洪牵头的《关于社会主义制度下我国商品经济的再探索》的意见书的写作，对十二届三中全会确立社会主义商品经济的改革目标做出了贡献。1992年4月，向中共中央提出将社会主义市场经济确立为我国经济改革目标的建议。2000年，他提出要建立"好的市场经济"，也就是建立在法治基础上的市场经济，警惕滑入"权贵资本主义"的泥坑。十八大召开以前，国内外学术界、政界和企业界相当多的人提出希望，期盼重启改革议程，开始改革的再出发。

吴敬琏认为，目前看来，期盼基本上得到实现。十八大对于过去一两年提出的各种意见作出判断和决定，重申了社会主义市场经济这个改革目标，把深化经济改革和政治改革放到了执政党的议事日程。

2013年3月16日，著名经济学家吴敬琏出席中欧国际工商学院论坛，并发表"中国怎样重启改革"演讲。

二十一、年广久

1937年出生，安徽人。"傻子瓜子"创始人。《邓小平文选》第三卷注释第四十三条，这样解释"傻子瓜子"："指安徽省芜湖市的一家个体户，他雇工经营，制作和销售瓜子，称为'傻子瓜子'，得以致富。"因邓小平多次在高层提及此人并收入《邓小平文选》而闻名全国，号称"中国第一商贩"。

在改革开放之前，年广久就曾经因为做小生意而进过监狱。1978年，年广久的炒瓜子小作坊很快发展到一百多人的"大工厂"，名噪一时。1986年春节前，"傻子瓜子"在全国率先搞起有奖销售，3个月实现利润100万元。1983年和1984年，邓小平先后两次直接点名，以年广九和他的"傻子瓜子"为例，明确表示中国政府鼓励发展私营经济。1992年初邓小平南方讲话再次提到了"傻子瓜子"，主张"傻子不能动"，"如果处理不当，就很容易动摇我们的方针，影响改革的全局"。对于邓小平，年广久心中充满感激，并把这段话印在自己的名片上。年广久的故事就像一部精彩的电影，跌宕起伏。他让开放中的中国人逐渐认识到"投机倒把"不是罪恶、雇佣工人不是罪恶、发家致富不是罪恶。

二十二、柳传志

1944年4月29日生，祖籍江苏镇江市。联想创办人之一，中国IT行业的"教父"。2011年10月28日入选百度新闻人物。2011年11月，获得2011年中国经济年度人物终生成就奖。

1984年，柳传志创办北京计算机新技术发展公司（联想集团前身），曾任总经理、总裁。2001年，柳传志退居二线。2004年12月8日，在柳传志的主导下，联想以12.5亿美元成功收购IBM的PC业务。2011年11月2日，联想集团宣布柳传志卸任董事长一职，将担任联想集团名誉董事长兼高级顾问。

多年来，柳传志致力于高科技产业化的探索和实践，不断引领企业开展自主创新，走出了一条具有中国特色的高科技产业化道路，使联想集团跻身世界同行的前列。他带领联想成功地进行了企业的股份制改造，并且为联想培育了优秀的人才队伍。他说："我的退出是为了让联想集团发展得更好。大环境改造不了，你就努力去改造小环境。小环境还是改造不了，你就好好去适应环境，等待改造的机会。"

二十三、王石

1951年1月出生于广西壮族自治区柳州市，兰州铁道学院给排水专业毕业。万科集团董事会主席，中国房地产行业的领军人物。2011年3月，万科公司确认王石已赴美游学。

1988年起任万科企业股份有限公司董事长兼总经理，1999年辞去公司总经理一职，任公司董事长。同年12月，万科发行股票2800万股，集资2800万元，完成了股份化改造。开始涉足房地产业。1994年，王石荣获"深圳市第一届优秀企业家金牛奖"。

1998年1月,王石受到时任国家总理朱镕基接见,王石对中国房地产的市场走势的分析和看法,得到朱镕基的肯定和好评。

1992年底,深圳国土局主办了一次房地产沙龙。作为万科代表,王石在发言时明确告诉与会者:"万科超过25%的利润不做。"会场哗然。王石事后说,并不是万科不想赚钱,而是从长远的角度看,公司要想持续发展,必须确定一个合理的回报率水平。

关于最近的楼市调控政策,王石说:"在价格普遍上涨的情况下,万科不会跟风。在目前的市场和货币环境下,房地产价格出现一定的上涨也存在合理性。但是带有泡沫的疯长,对于房地产行业和国民经济都有危害性。"

二十四、马胜利

1939年出生。1984年,他承包石家庄造纸厂时,正赶上《中共中央关于经济体制改革的决定》出台,马胜利成了承包责任制改革的典型,被称为"承包国有企业的第一人"。1987年承包全国一百家亏损造纸厂,组建"中国马胜利纸业集团"。1988年,马胜利被评为"中国首届优秀企业家"。

他两次获得全国"五一"劳动奖章并当选过中共十三大代表。1995年因企业效益滑坡被上级免职。2004年加盟青岛双星集团。

成于狂，败于狂，马胜利的人生应验了这一残酷定律。他曾让造纸厂短时期内扭亏为盈，成为缴税大户。又由于摊子铺得太大，扩张太猛而使企业效益滑坡，被上级免职。有人说他狂，他说那是极度自信。

他说："人嘛，要能上能下，能官能民，能大能小。"而最能证明他能屈能伸的事，莫过于被免职后上街卖包子。总结自己这一生，他自认是成功的。"因为曾经拥有过一段辉煌，改革开放20周年时，很多媒体来采访我，改革开放40周年、50周年时，我依然会被记起。"

二十五、郎平

1960年12月10日生于天津市，身高1.84米。中国女排运动员、教练员，凭借强劲而精确的扣杀而赢得"铁榔头"绰号。现任中国女排主教练。

从1981年到1986年，和队友创下世界排球史上第一个"五连冠"奇迹。1995年，身在海外的郎平应袁伟民的邀请担任中国女排主教练。1999年辞职，远赴意大利执教，2001年夺得欧洲女排冠军联赛冠军。2005年2月，出任美国国家女子排球队主教练。2008年北京奥运会上，其率领的美国队战胜了陈忠和率领的中国女排。2013年4月25日，郎平正式再次出任中国女排主教练。

目前，中国女排处于低谷，国际排联公布的2013年最新世界排名，中国仅列第五位。希望郎平的再次回归，能给中国女排凝聚人心，注入活力。

二十六、何享健

美的集团董事局主席，1942年出生于广东顺德。

如今，何享健的美的集团已经走过不惑之年。1980年他开始制造风扇，进入家电行业。1992年国家开始推行企业股份制改革，他主动申请当试点，成了全国第一家完成股份制改革的乡镇企业。1993年在深交所上市，成为中国第一家由乡镇企业改组而成的上市公司。2001年完成了公司高层经理人股权收购，进一步完善现代企业制度。

纵观美的创业史，在发展顺利时，善于对自己说"不"，能够及时抑制自己一时的冲动，是美的获得持续发展的一个关键。随着企业做大，不可避免会有扩张的冲动。何享健说，对于企业扩张，宁可走得慢一点，也不能走错半步。既不背包袱，也不扛大旗，更不搞冒进。

他热心慈善事业，在胡润发布的"2005年中国内地慈善企业排行榜"上，美的集团是佛山市唯一上榜的慈善企业。荣登2009清水湾胡润百富榜第17名；2008胡润百富榜第12名。2012年8月26日，何享健卸任美的集团董事长。2013新财富中国富豪榜他以135亿的财富排名第44名。

二十七、邓丽君

1953年1月生于台湾云林县，1995年5月在泰国病逝。台湾著名歌唱家、一代歌后。在邓丽君三十多年的歌唱生涯中，共演唱了1500余首中文、英文、日文等歌曲。她是20世纪歌坛中一颗璀璨的巨星。赢得了"有中国人的地方，就有邓丽君的歌声"的美誉。她的许多歌曲妇孺皆知，耳熟能详。《我只在乎你》、《月亮代表我的心》、《甜蜜蜜》、《小城故事》、《又见炊烟》等等，不胜枚举。

在改革开放初期，她圆润清甜、柔情缠绵的歌声，让大陆的许多年轻人感觉耳目一新。因为在那个时代，大家一直在听高亢激昂的革命歌曲。她从未来过中国大陆，但是她抚慰了亿万人的心灵，影响了一代人。她在日本、马来西亚也赢得了巨大声望，但是却从来没有像在中国大陆这样，有这么深刻复杂的时代内涵，这恐怕是连她自己也想不到的。20世纪80年代中后期，随着我国改革开放的进行，政治方面变得松动、灵活，有关方面有意促成邓丽君来大陆演出，但因种种原因未能成行，这不能不说是个遗憾。但从此之后，对邓丽君的报道不再是禁区。

央视4套曾经在2008年9月播出特别节目：《喜爱邓丽君的那些人》。开篇语是：如果说对于全球所有的华人来说，有一个声音能让所有的人安静下来，那这个声音可能就是邓丽君的歌声了。

二十八、金庸

1924年出生于浙江海宁，原名查良镛。香港《明报》创办人、知名的武侠小说作家、政治评论家、社会活动家、华人作家首富。

他创作了十五部脍炙人口的小说，有"飞雪连天射白鹿，笑书神侠倚碧鸳"及《越女剑》。他的小说被改编成电视连续剧、电影、漫画、动画、电脑游戏等等。

　　1978年，十一届三中全会之后，中国开始推行改革开放政策。1981年，作为《明报》社长的金庸先生接到了来自北京的邀请。1981年7月18日，邓小平在北京人民大会堂接见了金庸。经中央电视台新闻播出后，港澳及世界各地的多家媒体也报道了这件事。这次会面后不久，金庸小说在大陆"开禁"，并风靡神州。上个世纪80年代，内地娱乐文化依然很苍白，封闭太久的人们接触到金庸，才知道小说可以这么精彩。在读者和出版者的热捧下，1984、1985年，内地出现了金庸武侠小说热。金庸小说在大陆的"火"和时代密不可分。

　　在金庸收获巨大成功之时，对他及其作品的争议和质疑也是不绝于耳。其实对金庸及其作品的争议，并非针对金庸个人的水平和能力，而是他所代表的文学形式。金庸小说到底是俗还是雅？到了2007年有了答案。9月1日新学期开始，一套全新的高中语文教材出版，发到了北京市九个区县的高中生手中。金庸的《雪山飞狐》作为名家著作入选。这是我们突破惯性思维，对通俗文学的重新定位。

二十九、张艺谋

1950年11月生,陕西省西安人。"中国电影第五代导演"的代表人物之一。

他在中国电影发展史上占有重要位置,在国际上也享有声誉。他的早期代表作《红高粱》、《菊豆》、《大红灯笼高高挂》等具有相当高的艺术造诣,在国际上斩获奖项。

张艺谋的电影既是中国改革开放的"形象输出口",也是三十多年来中国人心路历程的展现:上个世纪80年代,他的电影主要表达人性解放;90年代,他的电影专注表达现实主义;后来,他的电影转向商业和娱乐。2008年北京奥运会开幕式,让他所有的才华发挥到极致,成就一个电影导演的巅峰。2012年12月6日,张艺谋举起了开罗国际电影节终身成就奖奖杯。中国导演首次获此殊荣。

三十、姚明

1980年9月出生于上海的一个篮球世家。美国NBA及世界篮球巨星,中国篮球史上里程碑式人物。

原中国国家篮球队队员,曾效力于中国篮球职业联赛（CBA）上海大鲨鱼篮球俱乐部和美国国家篮球协会（NBA）休斯敦火箭队。姚明是中国最具影响力的人物之一，同时也是世界最著名的华人运动员之一，曾获七次NBA"全明星"，被美国《时代》周刊列入"世界最具影响力100人"。被中国国家体育总局授予"体育运动荣誉奖章"、"中国篮球杰出贡献奖"。2009年，姚明收购上海男篮，成为上海大鲨鱼篮球俱乐部老板。2011年7月20日，姚明正式宣布退役。2012年2月19日晚，中国球星姚明在洛杉矶接受亚洲协会为他颁发的"最有远见的年度人物"奖项。2012年11月27日，香港大学举行第187届学位颁授典礼，授予姚明名誉博士学位。2013年3月14日，姚明获颁上海体育事业白玉兰终身成就奖金质奖章。也在这一年，姚明当选为第十二届全国政协委员。

加盟NBA之后，姚明逐渐成为全球耀眼的篮球巨星。这个来自中国的球星向世界展示的不仅有球技，还有中国三十多年改革开放的高度。在姚明进入NBA之前，美国人对中国人的印象是李小龙的"中国功夫"。大多数美国人对中国人的传统理解是瘦小羸弱，姚明让他们看到了新时代成长起来的中国人的风貌，这是姚明更深刻的价值所在。

回顾上述内容，由于各方面的原因，主办单位并没有把改革开放时代的风云人物尽收其中，这也是让我们稍感遗憾的地方。但是这些未收录其中的人物，他们为我们这个社会做出的贡献终将在改革开放的历史上也打下深深的印记。此外，在这里我们必须着重提出的就是，还有一些最重要、最伟大的名字没有纳入这个风云人物榜单，他们就是我们党的领导集体以及他们的丰功伟绩。因为这些早已牢记在每个人心中，我们向他们致以最庄严和最崇高的敬意。

30年功名尘与土，浪沙淘尽始见金。30个风云人物，他们在政界、商界、学界，科技、文化、体育、医疗等行业做出了卓越贡献，在我国改革开放进程中具有标杆意义。在他们身上，体现了我们的民族精神和时代精神。民族精神和时代精神是社会主义核心价值体系的精髓，对我们应当具备的精神状态和精神风貌提出了具体要求。它要求我们坚持马克思主义指导思想、树立中国特色社会主义共同理想、树立社会主义荣辱观。

民族精神是民族文化最本质、最集中的体现，是一个民族在长期共同社会实践中形成的民族意识、民族心理、民族风格、民族气质的总和，是一个民族赖以生存、共同发展的核心与灵魂。民族精神以爱国主义为核心。在五千多年的发展中,中华民族形成了团结统一、爱好和平、勤劳勇敢、自强不息的伟大民族精神。时代精神是指在当代中国人民改革开放的伟大实践中,我们培育、积累和形成的与时俱进、开拓进取、求真务实、奋勇争先的精神。时代精神以改革创新为核心。伟大的实践催生着伟大的精神,伟大的精神引领着伟大的实践。在建设中国特色的社会主义伟大事业中,民族精神和时代精神相互交融,不断发展,相得益彰。时代精神离不开民族精神,因为它要从民族精神中汲取养分;民族精神离不开时代精神,因为它要从时代精神中扩充内容。民族精神和时代精神为我们这个民族,为我们这个时代提供着无与伦比的凝聚力量。正是依靠这种力量,古往今来千千万万的中国人奋发向上、百折不挠;正是依靠这种力量,我们战胜了各种艰难险阻,取得了改革开放和现代化建设的辉煌成就。

民族精神和时代精神已经深深熔铸在民族的生命力、创造力和凝聚力之中,共同构成中华民族自立自强的精神品格,成为推动中华民族伟大复兴的精神动力。在新的历史条件下,要实现中华民族的振兴发展,就必须把弘扬民族精神和时代精神结合起来、统一起来。民族精神和时代精神，包括了天下兴亡、匹夫有责，富贵不淫、贫贱不移、威武不屈，先天下之忧而忧、后天下之乐而乐等民族优良传统；包括了党领导人民在长期革命斗争中形成的井冈山精神、长征精神、延安精神、抗战精神、西柏坡精神等优良传统；包括了在社会主义建设时期形成的大庆精神、雷锋精神、"两弹一星"精神等优良传统；包括在社会主义建设时期形成的创业精神、抗洪精神、抗击非典精神、青藏铁路精神、载人航天精神和抗震救灾精神、北京奥运精神等。民族精神和时代精神，是中华民族五千年来生生不息、发展壮大的强大精神动力，也是中国人民在未来的岁月里薪火相传、继往开来的强大精神动力。

民族复兴的伟大事业，需要伟大民族精神和时代精神的支撑。改革开放以来，我们党领导全国人民开拓创新，锐意进取，战胜各种风险考验，谱写了改革开放波澜壮阔的历史画卷，赋予民族复兴新的强大生机，靠的就是弘扬伟大的民族精神，靠的就是我们铸就的时代精神。今天，全面建设小康社会，加快推进社会主义现代化，实现中华民族伟大复兴的百年梦想，必须大力弘扬民族精神和时代精神，使全体人民始终保持昂扬向上的精神状态，使全民族的创造精神和创造活力充分迸发。

未来，我们期待国人带给我们更多的精彩和骄傲。

第三章　胆子要大，步子要稳

在改革开放过程中，我们会遇到许多新情况，新问题，并且这些问题错综复杂。但是我们不能因噎废食，因为我国多年改革开放积累的经验告诉我们，改革开放带给我们的好处远远大于它的消极因素，也正是因为这么多年，我们有效地控制了这些负面的东西，我们的改革开放才取得巨大成就。因此，在未来的改革开放中，我们依然胆子要大，步子要稳。

第一节　我国改革开放积累的主要经验

我国的改革开放，是上个世纪70年代以来世界上最令人瞩目的事件之一。这三十多年，不管横向比较还是纵向发展，我国的综合国力、社会生产力、国际地位以及人民生活水平都上了一个新台阶。三十多年来，我国实现了两个转变，由计划经济转向社会主义市场经济，由农业大国转向工业大国。在三十多年的伟大实践中，我们积累了十分宝贵的经验，奠定了中国特色社会主义理论体系的实践基础和科学依据。

一、在改革的指导思想上，坚持马克思主义并将其中国化

胡锦涛指出："我国改革开放之所以成功，在于我们既没有丢老祖宗，又发展老祖宗，既坚持马克思主义基本原理，又根据当代中国实践和时代发展不断推进马克思主义中国化，使马克思主义更好地发挥对发展中国特色社会主义实践的指导作用，赋予当代中国马克思主义勃勃生机。"恩格斯指出，马克思的整个世界观不是教义，而是方法。它提供的不是现成的教条，而是进一步研究的出发点和供这种研究使用的方法。为了更好地把马克思主义和本国实践相结合，真正的马克思主义者必须结合自己所在国家的实际情况，进一步将马克思主义加以具体化；马克思主义是科学，是不断向前发展的科学，为了开辟自身的发展道路，它必须同各国具体实际相结合。这是马克思主义自身的意义所在。马克思

主义中国化，就是将马克思主义基本原理同中国具体实际相结合。具体地说，就是把马克思主义的基本原理更进一步地同中国实践、中国历史、中国文化结合起来，使马克思主义在中国实现具体化。第一，马克思主义中国化就是运用马克思主义立场、观点、方法解决中国革命的实际问题。第二，马克思主义中国化就是把中国革命建设和改革的实践经验和历史经验提升为理论。第三，马克思主义中国化把马克思主义根植于中国的优秀文化之中，发展和创新马克思主义。

二、在改革的性质上，坚持社会主义制度的自我完善和发展

改革开放是根据我国的基本国情进行的，这个基本国情就是我国正处于并将长期处于社会主义初级阶段。社会主义初级阶段，即从1956年社会主义三大改造基本完成到21世纪中叶社会主义现代化基本实现的整个历史阶段。它特指我国生产力落后、商品经济不发达条件下建设社会主义必然要经历的特定阶段，而不是泛指任何国家进入社会主义都会经历的起始阶段。这一论断包括两层涵义：一是我国已经进入社会主义社会，我们必须坚持而不能离开社会主义；二是我国

的社会主义社会正处于并将长期处于初级阶段，我们必须正视而不能超越这个初级阶段。这就是当代中国的基本国情，也说明我们社会主义制度还不完善、不成熟，巩固和发展社会主义制度需要几代、十几代甚至几十代人去努力奋斗，而改革开放就是巩固和发展社会主义制度的有效重大战略举措。在中国共产党的领导下，通过改革开放，使生产关系更加适应生产力的发展，上层建筑更加适应经济基础的发展，实现社会主义制度的自我完善和发展，赋予社会主义新的生机和活力，建设和发展中国特色社会主义。

三、在改革的方向上，坚持市场取向

1978年第三季度，国务院召开务虚会。当时对社会主义经济体制的提法是"计划经济和市场经济相结合"。1982年9月中共十二大，又提出了"计划经济为主，市场调节为辅"的原则。1984年10月，中国共产党十二届三中全会，进一步指出社会主义经济是"公有制基础上的有计划的商品经济"。1987年10月，中国共产党第十三次全国代表大会明确提出要运用计划和市场两种调节手段，逐步建立"国家调节市场，市场引导企业"的机制。中共十三届四中全会后，提出建立适应有计划商品经济发展的计划经济与市场调节相结合的经济体制和运行机制。1990年底,邓小平明确指出社会主义也有市场调节,资本主义也有计划控制,有点市场经济并不是走向资本主义道路。1992年初,邓小平南方谈话更加明确指出,计划经济不等于社会主义,资本主义也有计划;市场经济不等于资本主义,社会主义也有市场。计划和市场都是经济手段。计划多一点还是市场多一点,不是社会主义与资本主义的本质区别。1992年10月,中共十四大报告指明,我国经济体制改革的目标就是建立社会主义市场经济体制。1993年,第八届全国人民代表大会第一次会议将社会主义市场经济第一次写进宪法。从这个过程可以看出,我国的改革方向坚持市场取向,逐步加强市场机制的作用,最终确立建立社会主义市场经济体制的改革目标。

四、在改革的目标模式上,建立社会主义市场经济体制

社会主义市场经济体制是社会主义基本制度与市场经济的有机结合。一方面它具有市场经济的一般特征,比如市场主体的平等性、独立性;市场对资源配置发挥基础性作用;

政府间接的宏观调控体系；法制经济；在国际交往中，要遵循国际通行的惯例和准则。另外一方面它必然体现社会主义的制度特征。在所有制结构上，以公有制为主体、多种所有制经济共同发展；在分配制度上，以按劳分配为主体，多种分配方式并存；在宏观调控上，以实现最广大劳动人民的利益为出发点和归宿，把人民的当前利益与长远利益、局部利益与整体利益相结合。从市场经济运行的一般规律和要求看，社会主义市场经济与资本主义市场经济两者具有共性，所以，发达资本主义国家在发展市场经济过程中，一切有益的做法和经验都值得我们借鉴和吸收。市场经济与不同的经济制度结合就会体现出不同的制度特征，与社会主义制度结合，就要坚持公有制为主体，坚持按劳分配为主体，坚持实现共同富裕为目标。离开这些特征就不是社会主义市场经济，而资本主义市场经济则不具备这样的特征。

五、在改革的方法上，坚持渐进式改革

我国的改革开放事业是建设中国特色社会主义的全新探索，前无古人，无先例可循，没有现成的模式可以照搬，没有现成经验可资借鉴。作为一个发展中的国家，本身承受

风险的能力就比较弱。同时，改革开放又是在遭受"文革"严重破坏，国民经济处于极端困难的情况下开始的。因此，我国的改革开放只能采取"摸着石头过河"的办法，走一步看一步，在摸索中前进。先农村改革，后城市改革；先沿海改革，后内地改革；先推进见效快的改革，再推进见效慢的改革；先推进难度小的改革，再推进难度大的改革；先着手浅层次改革，再进行深层次改革等等。总之是渐进式改革而不是激进式改革，更不是"休克式"改革。对于暂时把握不大的改革，先进行试点，在总结试点经验的基础上再逐步推广。沿着这种路径、采取这种方法进行改革，保证了改革开放稳步前进，避免了出现大的失误和挫折。

六、在改革的总体部署上，坚持统筹兼顾

为了改革部署的成功，我们要处理好以下若干重要关系：

第一，处理好农村改革和城市改革的关系。20世纪70年代末，中国的改革首先在农村拉开序幕。废除人民公社制度，建立以家庭联产承包为主，统分结合、双层经营的新型集体所有制。这在当时是一件了不起的大事。这一新型责任

制极大地激发了广大农民种田的积极性，广大农民卸除思想包袱，轻装上阵，挥汗如雨发挥干劲，基本解决了我国的粮食问题。粮食问题解决之后，1993年我们全面废除实行多年的票证制度，这也是一个历史性的巨大变化。农村的改革不仅为城市提供了充足的粮食和副食品，也为城市改革和发展提供了大量的原材料和富余劳动力。在农村改革取得成效的基础上，党的十二届三中全会后，开始了以城市为重点的整个经济体制的改革。城市改革特别是工业的改革和发展、工业化进程的快速推进，为工业反哺农业、城市支持农村创造了经济基础，也为农村改革的深化创造了良好条件。

第二，处理好公有制企业和非公有制经济的关系。在改革开放过程中，必须毫不动摇地巩固和发展公有制经济。公有制经济是我国社会主义现代化建设的支柱和国家进行宏观调控的主要物质基础，是社会主义经济性质的根本体现。必须毫不动摇地鼓励、支持和引导非公有制经济的发展，是坚持和完善社会主义初级阶段基本经济制度必须遵循的又一条基本原则。在社会主义现代化建设的进程中，坚持公有制为主体和促进非公有制经济发展的有机统一，使两者和谐发展。这里的公有制占据主体地位，主要表明：一是公有资产在社会总资产中占优势；二是国有经济控制国民经济命脉，对经济发展起主导作用。在所有制改革上，一方面坚持对国有企业、集体企业进行改革，探索公有制的有效实现形式，把大批国有、集体企业改革成为公司制企业，实现所有权主体的多元化；另一方面，大力发展非公有制经济，使之成为社会主义市场经济的重要组成部分。国有企业改革和国有经济战略调整，不仅缩短了国有经济战线，优化了国有经济布局，提高了国有经济素质，而且促进了个体私营经济和混合经济的发展。个体私营经济的发展，繁荣了经济，为社会提供了大量就业岗位，同时也对国有企业、集体企业形成竞争压力，促进了国有企业和集体企业的改革。

第三，处理好先富和共富的关系。要想处理好这两者之间的关系，首先要正确认识两者之间的关系。改革开放以前和改革开放初期，一直存在一种误解，即把共同富裕看成是全体人民在同一时间以同等速度达到同等的富裕程度。如果社会成员的收入有差距，就会认为这背离了社会主义，是两极分化。在这样的思想指导下，分配制度和分配政策虽然仍强调按劳分配，但实际上推行的是大体平均政策。长期来看，实行平均主义只能是打击先进、鼓励落后，严重挫伤人们的劳动积极性，最后必然破坏社会生产力。随着改革开放的积极推进，在总结历史经验的基础上，邓小平提出允许和鼓励一部分地区、一部分人先富起来，先富带动后富，逐步实现共同富裕的大政策。实际上这就意味着我们对如何达到共同富裕有了进一步的认识，即共同富裕不等于是完全平均，也不可能是所有社会成员在同一时间以同等速度富裕起来；共同富裕是一个长期的历史的动态过程，全体社会成员在通往共同富裕的大道上必然会出现有先有后、有快有慢的不同，这是整个社会走向共同富裕的必由之路。允许一部分地区、一部分人先富起来，必然会产生极大的示范效应，影响其他人，带动其他地区，这样，整个国民经济不断波浪式地向前发展，使全国各族人民能更快地达到共同富裕。在实行整个政策的过程中，我们一定要注意社会公平，健全社会保障体系，防止出现两极分化。

第四，处理好对外开放和独立自主、自力更生的关系。我们始终要把独立自主、自力更生作为立足点，不管是在革命时期，还是在建设时期，这是我们的基本经验。坚持独立自主、自力更生，把增强自主创新能力作为国家战略，贯穿到现代化建设的各个方面。建设创新型国家，对不断巩固和发展中国特色社会主义伟大事业，是极其重要的。坚持独立自主、自力更生同对外开放是相辅相成的。独立自主、自力更生不是闭关自守、盲目排外，而是实行对外开放的基础。为了在国际上获得较高的声誉和信誉，吸引更多的合作者，我们必须增强自身独立自主、自力更生的能力，这样才能不断扩大对外开放的深度和广度；对外开放是为了增强独立自主、自力更生的能力，在对外开放过程中积极利用外国的投资、先进技术与管理经验，取得更好的经济和社会效益，可以加快本国经济发展，增强经济实力和综合国力。总之坚持独立自主、自力更生，积极实行对外开放，都是为了更好更快地推进社会主义现代化建设事业。

第五，处理好改革、发展、稳定的关系。在改革开放中，我们始终坚持以经济建设为中心，围绕发展推进改革开放，正确处理改革、发展、稳定的关系，坚持改革是动力、发展是目的、稳定是前提。改革是为了解放和发展生产力，只有坚定不移地推进改革，不断激发广大群众的积极性和创造性，才能为经济和社会发展提供强大动力，为国民经济又好又快发展提供良好的机制和制度保证。只有坚定不移地推进发展，以科学发展观为指导，才能不断增强我国的综合国力和国际竞争力，更好地解决前进中的矛盾和问题。稳定是改革和发展的基本前提，是中国实现社会主义现代化发展战略的基本前提，是中国的最高利益所在。没有稳定的环境，什么都搞不成。改革要坚持稳中求进。社会动荡不安，改革很难进行，发展也不可能实现。因此，要在社会稳定中推进改革发展，通过改革发展促进社会稳定。实践证明，三者关系处理得当，就能总揽全局，保证经济社会的顺利发展；处理不当，就会吃苦头，付出代价。

第六，处理好经济基础同上层建筑的关系。经济基础决定上层建筑，经济基础的需要决定上层建筑的产生；经济基础的性质决定上层建筑的性质；经济基础的变化发展决定上层建筑的变化发展及其方向。上层建筑是一个复杂庞大的系统，包括政治上层建筑和思想上层建筑。上层建筑对经济基础具有反作用。因此我们既积极推进经济体制改革，又积极推进政治体制改革，发展社会主义民主政治，建设社会主义法治国家，保证人民当家做主，不断推动我国社会主义上层建筑与经济基础相适应，为改革开放提供制度保证和法制保障。

第七，处理好四项基本原则同改革开放的关系。四项基本原则包括必须坚持社会主义道路；必须坚持人民民主专政；必须坚持共产党的领导；必须坚持马列主义、毛泽东思想。四项基本原则是立国之本，改革开放是强国之路。我国改革开放之所以成功，在于我们坚持四项基本原则来保证正确的改革开放方向，通过改革开放，四项基本原则又被赋予新的时代内涵，必须深刻认识坚持四项基本原则同坚持改革开放的辩证关系，把以经济建设为中心同这两个基本点有机统一，在建设、发展中国特色社会主义的伟大实践中，使中国特色社会主义在当今世界的深刻变动中和当代中国的深刻变革中牢牢站稳脚跟，并成为充满生机活力的社会主义。在这里，我们必须旗帜鲜明地反对资产阶级自由化。搞资产阶级自由化，即反对共产党的领导，否定社会主义制度，主张资本主义制度，主张全盘西化，是根本违背人民利益和历史潮流的、为广大人民所坚决反对的，邓小平一再强调，中国搞现代化，绝不能搞自由化，绝不能走西方资本主义道路。早在改革开放之初他就明确指出：现在我们搞四个现代化，是搞社会主义的四个现代化，不是搞别的现代化。他认为，只讲四化，不讲社会主义，这就忘了事物的本质，也就离开了中国的发展道路。只有始终坚持四项基本原则，旗帜鲜明地反对资产阶级自由化，才能保证改革开放和现代化建设永远不背离社会主义的正确方向，并有一个稳定的政治局面和社会环境。他强调指出，在整个现代化的过程中，都存在一个反对资产阶级自由化的问题，资产阶级自由化泛滥，后果极其严重。邓小平关于资产阶级自由化危害性和反对资产阶级自由化长期性的论述，对于我们坚持中国特色社会主义的道路，具有深远的意义。

七、在改革的动力上，依靠党和政府的领导，尊重人民首创精神

中国共产党是推动改革开放的核心力量，我国的改革开放始终是在党的领导下进行的。在新的历史条件下，坚持党的领导，必须不断完善党的领导。党在推进中国特色社会主义伟大事业中处于领导核心地位，因此我们必须发挥党总揽全局、协调各方的作用。现在，世情、国情和党情都发生了或正在发生着广泛而深刻的变化，新形势、新任务对我们党提出了新的要求。我们党在长期的历史过程中，形成了一套好的领导制度、方法和优良的工作作风，这些我们都应该继承和发扬。同时，随着任务、环境、条件的变化，我们必须

加以改进、补充和更新。改善党的领导是为了更好地坚持党的领导，更好地实现党对中国特色社会主义事业的领导，进一步巩固党在社会主义事业中地位和作用。

基层和群众的创造性是推动改革开放的基础力量。我国的许多改革都是由基层和群众自发做起来的，然后由政府总结经验，逐步推广到全国。基层和地方还是许多改革的先行者和试验田，他们对中央提出的一些改革设想和方案先进行试验并有创造性的发展，为在全国推广积累了经验。

八、在对改革措施、手段和成果的评价上，坚持"三个有利于"标准

用"三个有利于"标准来评判改革的措施、手段和成果，是我国改革开放克服艰难险阻、取得重大胜利的重要经验。"三个有利于"标准强调的是对于改革的一些具体政策措施，必须从抽象的姓"社"姓"资"的争论中摆脱出来。这是因为一方面不能把一切产生于资本主义并在资本主义社会得到广泛应用但本身不具有社会制度属性的经济现象，都认为具有资本主义的性质而加以否定；另一方面，在社会主义初级阶段也不能无条件地拒绝和否定一切资本主义的经济

成分和因素。我国改革开放三十多年的成就震撼了世界，也存在许多不足，但我们应当认识到，在这场我国历史上从未有过的大改革大开放中出现一些问题和矛盾是难免的，历史正是在不断解决问题和矛盾的过程中前进的。我们既要高度重视这些问题，认真总结经验教训，积极解决这些问题；又要看到这些问题是改革中的问题、发展中的问题，是成长中不可避免的烦恼。只有坚持"三个有利于"标准，深入贯彻落实科学发展观，进一步深化改革、加快发展，才能逐步解决这些问题。

以上经验是在十七大报告中对改革开放总结的"十个结合"经验指导下具体而微观地展开。"十个结合"包括：坚持马克思主义基本原理同推进马克思主义中国化结合起来，坚持四项基本原则同坚持改革开放结合起来，把尊重人民首创精神同加强和改善党的领导结合起来，坚持社会主义基本制度同发展市场经济结合起来，把推动经济基础变革同推动上层建筑改革结合起来，把发展社会生产力同提高全民族文明素质结合起来，把提高效率同促进社会公平结合起来，把坚持独立自主同参与经济全球化结合起来，把促进改革发展同保持社会稳定结合起来，把推进中国特色社会主义伟大事业同推进党的建设新的伟大工程结合起来。所有这些宝贵经验，是我们党极为宝贵的精神财富，因为这是我们党和人民经过长期的艰辛探索和实践得来的，我们不仅要牢牢记取，还要坚持应用，在新的实践中继续加以丰富，以此为指导，不断把我国的改革开放伟大事业推向前进。

其实观察这些经验，总结起来，有两个鲜明的特点。第一，在党领导下的改革，是为了完善社会主义。每次重大改革的决策，都是中央通过集体决定做出的决策，表明我们党是在主动地推进改革。第二，我们的改革是渐进式的，不像有的国家那样激进。之所以呈现这样的特点，是因为我们认识到改革不仅是一件很重要的必须做的事，而且是有风险的事。因此我们的方针是，胆子要大，步子要稳，要走一步，看一步。

第二节　解决前进中的问题归根到底靠改革开放

一、改革开放要敢于啃"硬骨头"

中国的改革开放进行到现在，有了更开阔的行进空间，也面临着更多的挑战。现在人们对改革的普遍关切，标志着三十多年来以开放为先导的改革进入了新的历史方位。最近几年，《人民日报》针对改革开放集中发表了一系列有分量的文章和评论：《宁要不完美改革，不要不改革的危机》、《继续坚定不移地深化改革开放》、《改革深水区的成功探索》、《离开改革开放，没有中国的明天》、《坚持把政治体制改革摆在重要位置》、《只有改革开放才能发展中国》、《改革开放已经进入"改革顶层设计"阶段》、《改革开放，永葆探索创新的朝气》等等，表明我们党和国家将改革开放坚持到底的勇气、决心和信心。改革开放这一当代"中国好声音"的发端就是打破思想藩篱，触动现实利益，挑战既定格局。在这个过程中，大多数人获得了解放，得到了利益，相应的，另外一些人的利益肯定减少或者消失。因此"好声音"不可避免地伴随着其他"杂音"，改革总是在争议乃至非议中前行。所不同的是，从"摸着石头过河"到"改革顶层设计"，国家各个领域的改革，越是向前推进，就会触及更深层次的矛盾，涉及到更复杂的利益纠葛，反弹和阻力也就更大。简单地说就是，容易的都改得差不多了，剩下的全是不好啃的"硬骨头"。这就是我们现在的事实，回避不了也无法回避。

　　任何改革都很难十全十美。今天的中国，继续推进改革开放所遇到的新情况、新问题和新压力，丝毫不亚于当年，甚至从某种角度讲比当年还严峻。改革处于攻坚期和深水区，对于改革者而言，一方面要听取民意，另一方面又要辩证看待现实，必须有主心骨，始终保持科学理性，始终保持探索创新的蓬勃朝气，始终保持那么一股子冲劲、闯劲、拼劲、韧劲，我们才可能跨过攻坚期的艰难险阻，将先辈们开创的改革开放大业推向一个新的境界。在改革进行过程中，出现反对、异议的声音并不可怕，因为发展起来以后的问题并不一定就比发展前少。要知道，无论多么高超的智慧，无论多么周密的方案，都不可避免地会遇到非议和争议。改革越往前走，人们对它的期待越高，遇到的质疑、困难也越多，需要支付的成本和时间也相应增加。现实中，由于既得利益者阻碍改革，也由于一些人担心改革的不可控风险，改革成了某些人的空头支票。近年来，一些地方、一些领域、一些部门的改革迟滞不前就与上述情况相关。确实，改革面临风险，但是如若不改革，党就会面临危险。这并不是危言耸听。世界上一些大国大党的衰落，一个主要的原因就是畏首畏尾，瞻前顾后，缺乏大刀阔斧的魄力，没有卓尔不群的智慧，最终改革因此停滞而走上邪路和死路。随着改革走向深入，那种皆大欢喜，你有我有全都有的普惠式改革，空间会变得越来越小。社会多元化发展带来的利益分化，时常令改革者面对不是这部分人不如意，就是那部分人有意见的两难境地。但是，改革者要有战略眼光，要认识到有些改革可能会有局部的、短期的阵痛，但从全局看、长远看，收益会更大、更持久，最终使人民群众得到更多实惠。改革是世界潮流，顺之则昌，逆之则亡。作为有担当的改革者，必须勇于承担历史责任，破除一切阻碍我们继续进步的体制、机制弊端，迎难而上，为我们进一步改革开放开创一番新天地。对于当前各地各部门千头万绪的改革工作来说，有许多躲不开也绕不过的沟沟坎坎，如果缩手缩脚、踟蹰不前，抱着多一事不如少一事，能拖一天算一天的消极态度，只能把问题拖延成难题，最后引发更多矛盾、酿成更大危机。

正像邓小平多年前就曾告诫我们的："不要怕冒一点风险，我们已经形成了一种能力，承担风险的能力。"随着改革开放的推进，我们承担和抵抗风险的能力会越来越强。任何问题的处理，要完全没有一点风险是不可能的，冒点风险并不可怕。宁要不完美的改革，不要不改革的危机。中国共产党作为一个长期执政的大党，要进一步解放思想，转变观念，更好地凝聚共识，减少改革的阻力。在改革过程中，要更加注重权利公平、机会公平、规则公平，使所有人都能通过自己的努力和付出的劳动获得应有的回报。把所有困难都踩在脚下，让发展乘势而上，这是我们现在该有的魄力和担当。

二、改革开放中要坚持变与不变的有机统一

这些年来，我们的改革开放之所以取得成功，是因为我们在改革开放中，正确地坚持了变与不变的有机统一，牢牢把握住了改革开放的主动权。

邓小平曾多次使用变与不变指明改革的本质和前途。他在1980年的一次讲话中指出，在党和国家的工作发生了根本的转变的情况下，坚持共产党领导这个根本原则是不能动摇的，动摇了中国就要倒退到分裂和混乱，就不可能实现现代化。1984年分析改革形势时他又说，最大的不变是社会主义制度不变。同时，他还提醒我们，变与不变这个问题，是人们议论纷纷的问题，是到下世纪还要议论的问题。这一系列

耳熟能详的讲话，从思想方法、政治原则以及党和国家前途命运的高度为我们指引了前行的路。这些论述，通过改革开放的成功证明经得起实践检验，为我们进一步推动改革开放健康发展注入了辩证思维。在三十多年的改革开放实践中，变与不变的有机统一具有以下基本特征。

首先，在尊重历史的前提下进行改革开放。任何伟大的事业，都是继承、发展与创新的统一。改革开放也不例外。正是因为尊重前人、尊重历史，改革开放得以凝聚人心，获得了多数人的支持。2013年1月5日，习近平在新进中央委员会的委员、候补委员学习贯彻党的十八大精神研讨班上发表的重要讲话中，在论述改革开放前后两个历史时期的关系时，明确提出："不能用改革开放后的历史时期否定改革开放前的历史时期，也不能用改革开放前的历史时期否定改革开放后的历史时期。""两个不能否定"用历史唯物主义的态度看待前人，使中国改革开放获得正确的政治起点，才能最大限度地汇集起改革开放所需要的政治资源和社会条件。

其次，改革开放不忘党的宗旨。党的宗旨即一个政党存在的根本目的和意图。中国共产党的宗旨是全心全意为人民服务。改革开放时期响彻中国的响亮口号，包括按经济规律办事、允许一部人先富起来、发展才是硬道理等等,都是中国共产党倡导落实党的宗旨的具体表现。2012年11月15日,刚刚在党的第十八届中央委员会第一次全体会议上当选中共中央总书记的习近平代表新一届中央领导集体讲话时指出:我们的人民热爱生活,期盼有更好的教育、更稳定的工作、更满意的收入、更可靠的社会保障、更高水平的医疗卫生服务、更舒适的居住条件、更优美的环境,期盼孩子们能成长得更好、工作得更好、生活得更好。人民对美好生活的向往,就是我们的奋斗目标。这也是我们改革开放的意义和价值所在。在领导改革开放大业中,中国共产党具有独特的政治优势:有马克思主义的科学指导;有一套思想政治工作的经验;有一个根本的组织原则——民主集中制;有一个多党合作的制度;有一套优良的作风;有一条理论与实践相结合的道路;有一支忠于党的人民军队;有一个坚强的领导核心。正是中国共产党具有的这些独特优势,使得我们在面临一系列存在争议的问题,比如是维护公有制的主体地位还是走私有化的道路;发展是只追求经济指标还是考量全面的社会指标;是听任贫富差距扩大还是缩小贫富差距;是完善社会保障还是缩小社会保障等等,我们能排除来自各方面的干扰，不受特殊利益集团的羁绊，在市场化改革过程中，基本的政策导向始终是着眼于占人口大多数的普通劳动者，为大多数的人谋利益，发展为了人民、发展依靠人民、发展成果由人民共享。

  第三，坚持在社会主义基本框架内解决问题。我们党一直明确宣布，改革是社会主义制度的自我完善和发展，因此我们必须正确认识和处理在改革中出现的一些难以避免的问题。现在在我们的社会中，你死我活的敌对斗争已经消失，但不同阶层，不同利益主体之间的矛盾依然存在，某些方面还很尖锐。当不同的利益冲突、利益诉求出现的时候，强有力的社会调节工作显得尤为重要。这也是我们党一再强调自身要不断增强执政能力的原因之一。强有力的社会调节工作表现为既给予新事物和新要求以合理存在的空间，又坚决维护大多数人的利益，维护社会主义核心价值观，保持党和政府的权威。构建社会主义和谐社会理论进一步阐明了中国在现阶段矛盾的非对抗性和可调节性。我们所说的社会主义和谐社会，是民主法治、公平正义、诚信友爱、充满活力、安定有序、人与自然和谐相处的社会。构建这样的社会主义和谐社会是我国建设中国特色社会主义的题中应有之义。因此，改革开放越深入，越要坚持巩固，而不是削弱社会主义基本制度。这是改革能够有序、稳步推进的根本保证。

以上是我们在改革开放中必须保持不变的地方，这些不变的地方是立党之基，固国之本。但是世情、国情、党情、民情的变化也需要我们在坚持根本不变的前提下有所变，有所创新。变与不变是一个互动的过程，在为变提供保证的同时，也要不断地从变中汲取营养，以使我们坚持的不变更有竞争力和说服力。改革开放对社会主义基本制度建设的促进，反过来又更有力地起到了保护和推动改革开放的作用。这也是既坚持四项基本原则又坚持改革开放的指向所在。

三、进一步推进改革开放

我国在本世纪初开始从生存型社会向发展型社会过渡，之所以形成这个定位，是我们参照了一系列指标综合衡量的结果，这些指标包括经济发展水平、产业结构、消费结构、就业结构、城镇化率等等。生存型社会作为社会发展水平比较低的阶段，发展的主要目标是解决温饱问题。而发展型社会是发展水平相对比较高一些的阶段，其发展的目标开始专注于人的全面发展。由生存型社会向发展型社会过渡，对我国的社会、经济各方面的发展提出了新的要求。广大人民群众在满足了温饱之后，对这个社会又有新的期盼。要求社会各方面的协调发展，为人的全面发展营造一个比较和谐的环境。

十八届中共中央政治局于2012年12月31日下午就坚定不移推进改革开放进行第二次集体学习。中共中央总书记习近平在主持学习时强调，改革开放不仅是一项长期的事业，而且也是非常繁重的、艰巨的事业，必须依靠一代又一代人接力干下去。在现阶段，改革开放的关键时刻，我们必须以更大的政治勇气和智慧，继续坚持社会主义市场经济的改革方向，坚持对外开放的基本国策，抓住一切时机深化重要领域及关键环节改革，朝着党的十八大指引的改革开放方向努力前进。

习近平在主持学习时发表了讲话。他指出，历史、现实、未来三者是相通的，互相联系，互相影响。历史是过去的现实，现实是未来的历史。对于改革开放的历史必须认真回顾和深入总结，深刻地认识改革开放有它的历史必然性，不改革不行。其实理解改革开放的历史必然性一点都不难，正如一个人一样，如果每天无所变化，不和任何其他人、其他外界事物发生联系，那这个人自己也会发展得不正常。一个社会，一个国家也是如此，所以，改革开放是最自然、最正常不过的事情。物质是运动的，运动是有规律的，规律是可以把握的。改革开放也有它的规律性，我们必须自觉地去把握，这样才能坚定地肩负起进一步深化改革开放的重大责任，才能把党的十八大确立的改革开放重大部署切实落到实处。

在这个讲话中，习近平针对我们过往经验的总结，提出了五点意见，以期对未来的工作发挥指导作用。第一，改革开放是一场深刻革命，方向很重要。在这里，习近平再次重申这一点，无非是要再一次向我们表明坚持正确方向的无比重要性。无论做任何事情，方向只要正确，事情就容易成功。改革开放必须坚持以正确方向为指导，沿着正确道路推进。也就是说，我们必须保持头脑清醒，深刻认识只有社会主义才能救中国，只有社会主义才能发展中国这个真理，不受其他任何别的主义的错误引导和干扰，继续推动社会主义制度自我完善和发展，坚定不移走中国特色社会主义道路。第二，改革开放是前无古人的崭新事业，必须坚持正确的方法论，在不断实践探索中推进。如果说世界观主要解决世界

"是什么"的问题,那么方法论主要解决的就是"怎么办"的问题,就是人们用什么样的方式、方法来观察事物和处理问题。在多年的改革开放实践中,在建设中国特色社会主义的进程中,"摸着石头过河"这一富有中国特色的方法很符合中国的国情,对于我们来说,很管用。这里的"摸"就是摸规律,从实践中求得真知识。"摸着石头过河"和加强顶层设计是辩证统一的,我们要在加强顶层设计的前提下,推进局部的阶段性的改革开放;同时,我们要在推进局部的阶段性的改革开放的基础上,谋划加强顶层设计。在此过程中,我们依然继续鼓励大胆试验、大胆突破,只有这样,才能不断把改革开放引向深入。第三,改革开放是一个系统工程,必须坚持全面改革,注重改革的整体性、系统性和协同性,在各项改革互相配合中推进。这个社会是一个复杂的统一体,改革开放是一场深刻而全面的社会变革,每一项改革都不可避免地会对其他改革产生重要影响,每一项改革又都需要其他改革协同配合。要更加注重各项改革的良性互动,形成推进改革开放的强大合力。第四,稳定是改革发展的前提,必须坚持改革、发展、稳定的统一。在习近平讲话中,再一次提出稳定的环境对我们改革开放事业的重要性。其实，在整个中国特色社会主义事业进程中，怎么强调稳定这个前提都不为过。中国人民受够了动荡不安的苦头，所以今天格外珍惜这来之不易的稳定团结局面，因为我们深刻地认识到，只有社会稳定，改革、发展才能继续稳步推进，我们才能享受美好生活。在保持稳定这个前提下，我们才能更好地处理改革、发展和稳定三者的关系。改革、发展良性推进，社会的稳定才能有坚实的基础。要坚持把改革的力度、发展的速度和社会可承受的程度统一起来，把改善民生作为正确处理改革、发展、稳定关系的结合点。第五，改革开放是亿万人民自己的事业，必须坚持尊重人民首创精神，坚持在党的领导下推进。多年的实践经验告诉我们，改革开放中的每一次突破和发展，每一个新生事物的出现和产生，每一个方面经验的创造和积累，都来自于亿万人民群众的实践和智慧。现阶段，改革、发展、稳定任务更加繁重，这个时候，我们更要坚持群众路线。坚持群众路线的同时，我们倍加感受到党的领导的重要性。因此要加强和改善党的领导，密切党同人民群众的血肉联系，善于通过提出和贯彻正确的路线方针政策把人民群众紧密团结在一起，善于从人民的实践创造和发展要求中进一步完善我们的政策主张，使人民大众享受到看得见、摸得着的利益，这样我们就能进一步夯实群众基础，为我们继续深化改革开放增添无穷的力量，更好地带领人民向着共同的目标前进。

习近平强调，改革开放只有进行时没有完成时。没有改革开放，就不会有中国的今天，也不会有中国的明天。对于改革开放中的矛盾，我们必须客观科学认识。矛盾无处不在，无时不在。事事有矛盾，时时有矛盾。改革开放中的矛盾只能通过进一步深化改革开放的办法来解决。党的十八大又为我们吹响了新的号角，我们要以中国特色社会主义理论体系为指导，全面贯彻落实党的十八大精神，凝聚社会共识，积极回应人民群众进一步深化改革开放的强烈要求，各环节、各领域、各方面改革协调推进，促使我国改革开放事业取得进一步的成功。

四、知识分子要积极促进改革开放

在改革开放过程中，我们都要做改革开放的促进派。在这里，我国理论界和知识界等各个方面、各个领域的知识分子尤为重要，他们作为一支重要力量，在我国革命、建设和改革中都发挥了不可低估的作用。在改革开放过程中，他们更应该利用好自身所处的环境，承担更多的社会责任。

首先，改革开放为知识分子提供了良好的环境。改革开放以来，我们国家和社会努力营造有利于知识分子发挥聪明才智的良好环境。在政治上对知识分子予以充分的信任，全社会进一步形成尊重知识、尊重人才的良好风尚。一些相关政策的出台，积极改善了知识分子的学习、工作和生活条件，对于有突出贡献的知识分子给予重奖，并形成规范化的奖励制度。广大知识分子心情舒畅，作为人类科学文化知识的重要创造者、继承者和传播者，积极投身于社会主义现代化建设事业中。

其次，知识分子在改革开放事业中的作用。在如何正确对待知识分子，发挥其作用问题上，我们既有过正确的认识和政策，也有过因为对知识分子阶级属性认识上的偏差而发生错误的认识。现阶段，我们已经确立了知识分子作为工人阶级一部分的重要地位。在工人阶级中，知识分子掌握的科学文化知识较多，主要从事脑力劳动，既是先进生产力的开拓者，又是发展教、科、文事业的基本力量，承担的社会责任比较重大，发挥的作用不可替代。在改革开放的事业中，知识分子，尤其是专家学者主要要发挥四个方面的作用来支持政府的工作，支持改革开放。一是探讨科学理论。因为改革需要有科学理论做支撑。二是评价和介绍国外经验。国外改革开放的经验和教训都对我们有着一定的参考作用。三是完善政策框架。因为单靠政府，制定的政策不可能完美无瑕，需要采纳多方面建议和意见。四是分析实施难点。为我们政策在实施过程中做好心理预期。

再次，知识分子一定要坚持自己的原则。作为某一领域、学有专攻的知识分子，一定要以科学态度为指导，坚持自己的原则。实事求是，求真务实，将科学的论点和充足的论据相结合。根据以往总结的经验来看，有的新的观点、新的理论在刚刚提出的时候，往往并不容易被大家所接受，不能引起大家的共鸣。但是随着时间的推移，实践的发展，只要是真正符合科学的理论，符合实践的理论，就会渐渐地被越来越多的人所接受，最后大家达成一致，形成共识。另外，知识分子要坚持自己的原则还表现在，知识分子要根据研究的数据、研究的事实来说话。不要随波逐流，说一些华而不实的话取悦领导和群众。知识分子要能够做到不卑不亢，以理服人。

总之，知识分子要不断解放思想，把马克思主义和我国实践结合起来，既注意引进国外先进理论、方法和手段，吸收现代科学的有益成果，又要深入总结历史的经验教训，总结改革开放中人民群众创造的新经验新做法，研究新情况新问题，按照十八大的精神，对深化改革开放进行进一步理论阐述，提出有价值的建议，发挥思想库和智囊团的作用。

第三节 推进政治体制改革，发展民主政治

一、邓小平的"猫论"、"摸论"、"不争论"

在推进中国改革开放事业进行过程中，邓小平在积极寻找各种各样的方法，他的初衷就是希望这些方法既能对指导实践有效，又能让老百姓容易领会和接受。在经济改革过程中，我们用这些方法为指导，取得了很大成绩。其实，这些方法在我们的体制改革和其他方面改革中同样适用、有效。

第一，"不管黑猫白猫，捉到老鼠就是好猫"。

1962年邓小平在《怎么恢复农业生产》的讲话中，说了这样一段话：生产关系究竟以什么形式为最好，恐怕要采取这样一种态度，就是哪种形式在哪个地方能够比较容易

比较快地恢复和发展农业生产，就采取哪种形式；群众愿意采取哪种形式，就应该采取哪种形式，不合法的使它合法起来……黄猫、黑猫，只要捉住老鼠就是好猫。"黄猫、黑猫，只要捉住老鼠就是好猫"这是一句谚语，言简意赅，它来自人民群众的实践和切身体验。后来这句话演变成"不管黑猫白猫，捉到老鼠就是好猫"。邓小平把这句耳熟能详的谚语用在我国的社会主义建设中，主要就是想向我们说明，社会主义是个新事物。什么是社会主义？怎样建设社会主义？都没有现成的一劳永逸的答案。我们只有积极投身社会实践，亲自尝尝"梨子的滋味"才行。空谈误国，一味地面赤耳红地搞理论争论，吵来吵去，只会让我们白白地错过大好发展时机，在实践中，我们应该大胆地试验，不要仓促下结论，边尝试边摸索，用实践来验证我们方法是否可行，检验结果是否正确。

　　"猫论"让我们逐步改变了凡事先问本本的教条主义思维习惯。在新时期，新的发展阶段，人民群众以此为指导，积极投身社会实践：建立乡镇企业、试办经济特区、发展私营经济、发行证券股票、实行股份制等等。中国老百姓的思路豁然开朗，思维活跃，把以往束缚我们的一些条条框框的东西抛到一边，一心一意建设社会主义。

20世纪80年代初，薄一波曾问邓小平，对"黑猫白猫"这个说法现在怎么看？邓小平回答："第一，我现在不收回；第二，我是针对当时的情况说的。"1985年，邓小平再度当选美国《时代》周刊年度风云人物，"不管黑猫白猫，捉到老鼠就是好猫"被摘登在《时代》周刊上。"猫论"的影响扩大到世界。

第二，"摸着石头过河"。

"摸着石头过河"，是在我国改革开放中总结的又一条经验，家喻户晓，言语的意思更加直白。前面有一条河，我们要过去，但是不知道深浅，又没有桥和船，怎么办？只能慢慢下去，摸着石头探路子。我们建设社会主义，搞改革开放，同样没有经验，没有路和桥，所以在办事时需要谨慎，不断摸索，不断总结经验。

在新中国成立初期，张爱萍承担组建军事院校的工作，他向刘伯承请教方法。刘伯承说："我给你六个字，可要牢牢记住，这就是——摸着石头过河！"邓小平从战争年代就和刘伯承在一起，两人关系密切。到了社会主义建设时期，两人对怎么进行社会主义也有着相似的思考。其中，邓小平对刘伯承"摸着石头过河"这一说法很赞同。针对中国特色社会主义建设事业,邓小平说:"我们现在做的事都是一个试验,对我们来说,都是新事物,所以要摸索前进。"

"摸着石头过河",对于我们摸索前进,走一步看一步,看似相对慢些但更积极稳妥地推进改革,有着重要的指导作用。

第三,"不争论"。

在《邓小平文选》第三卷《在武昌、深圳、珠海、上海等地的谈话要点》(1992年1月18日)中,邓小平说:改革开放迈不开步子,不敢闯,说来说去就是怕资本主义的东西多了,走了资本主义道路,要害是姓"资"还是姓"社"的问题。判断的标准,应该主要看是否有利于发展社会主义社会的生产力,是否有利于增强社会主义国家的综合国力,是否有利于提高人民的生活水平……证券、股市,这些东西究竟好不好,有没有危险,是不是资本主义独有的东西,社会主义能不能用?允许看,但要坚决地试。看对了,搞一两年对了,放开;错了,纠正,关了就是了。关,也可以快关,也可以慢关,也可以留一点尾巴。怕什么,坚持这种态度就不要紧,就不会犯大错误……对改革开放,一开始就有不同意见，这是正常的。不搞争论，是我的一个发明。不争论，是为了争取时间干。一争论就复杂了，把时间都争掉了，什么也干不成。不争论，大胆地试，大胆地闯，农村改革是如此，城市改革也应如此。

这里的"不争论"，并不是万马齐喑，而是说我们不做无谓的争论。在中国社会主义建设事业中，我们更需要实干精神，无谓的争论只会耽误我们正在进行的工作。中国已经耽误了太多的时间，那么多年的争论带给我们的只是苦果。如果现在，在整个时期，我们各个方面都要争论一番姓"社"还是姓"资"，我们就会继续浪费时间，就会耽误正事，我们好不容易得来的稳定环境还要面临动荡的问题。

二、深化政治体制改革，扩大社会主义民主

经济体制改革每前进一步，我们就越发体会到政治体制改革的紧迫性。改革是全面的改革，政治体制改革是其题中应有之义。在《邓小平文选》第三卷《怎样评价一个国家的政治体制》（1987年3月27日）中，邓小平指出："评价一个国家的政治体制、政治结构和政策是否正确，关键看三条：第一是看国家的政局是否稳定；第二是看能否增进人民

的团结，改善人民的生活；第三是看生产力能否得到持续发展。"我国的社会主义基本政治制度是好的，它符合中国的国情，保证了人民以国家和社会主人的身份充分发挥建设国家、管理国家的积极性、主动性和创造性，不断推进中国的经济发展和社会全面进步，但它还很不完善，党和国家现行的具体领导制度、组织形式和工作方式还存在一些缺陷。为把我国建设成为富强民主文明和谐的社会主义现代化强国，必须深化政治体制改革。

我国政治体制改革是社会主义政治制度的自我完善和发展，必须坚持正确的政治方向，必须坚持中国特色社会主义政治发展道路，以保证人民当家做主为根本，以增强党和国家活力、调动人民积极性为目标，扩大社会主义民主，建设社会主义法治国家，发展社会主义政治文明。要坚持党总揽全局、协调各方的领导核心作用，提高党科学执政、民主执政、依法执政水平，保证党领导人民有效治理国家；坚持国家一切权力属于人民，从各个层次、各个领域扩大公民有序政治参与，最广泛地动员和组织人民依法管理国家事务和社会事务；坚持依法治国基本方略，树立社会主义法治理念，使国家各项工作法制化，保障公民合法权益；坚持社会主义政治制度的特点和优点，推进社会主义民主政治制度化、规范化、程序化，为党和国家长治久安提供政治和法律制度保障，更好地保证人民当家做主，巩固和发展民主团结、生动活泼、安定和谐的政治局面。推进政治体制改革，必须坚持党的领导，人民当家做主，依法治国有机统一，坚定社会主义政治制度的特点和优势，坚持从我国国情出发。政治体制改革情况复杂，任务艰巨，每项改革涉及的人和事都很广泛、很深刻，触及很多人的利益，会遇到很多的障碍，需要审慎从事。《江泽民论有中国特色社会主义（专题摘编）》（中央文献出版社2002年版）第303页中写道："政治体制改革很复杂，每一个措施都涉及千千万万人的利益，要分步骤、有领导、有秩序地进行。"改革的方针必须坚定，但方法要细密，步子要稳妥。要高度重视和认真做好维护社会稳定的工作，始终保持安定团结的社会政治局面，在和谐稳定的环境中有序地推进政治体制改革。

推进政治体制改革，需要借鉴人类政治文明的有益成果，但西方政治体制模式我们决不能照搬。世界是丰富多彩的，没有也不可能有一种放之四海而皆准的政治制度模式。我们承认，在社会主义民主政治同资本主义民主政治之间有着某种联系。在反对封建专制的过程中，资本主义民主政治产生，这是一种历史进步。因此，它有我们可以吸收借鉴的地方。但吸收和借鉴应是有分析、有批判的，不能简单模仿、全盘照搬。每个国家都有自己的历史传统和经济、社会发展的实际情况，民主应该适合自己的国情。如果我们照抄照搬西方的政治模式，就会偏离正确的方向，我们的现代化事业就不可能成功，政治体制改革也不可能成功。

在当前和今后一个时期，我国政治体制改革的主要任务是：使民主制度更健全，民主形式更丰富，拓宽民主渠道，依法实行民主选举、民主决策、民主管理、民主监督，保障人民的知情权、参与权、表达权和监督权，实现社会主义民主政治制度化、规范化、程序化，巩固人民当家做主的政治地位。完善法律制度，树立社会主义法制权威。完善司法体制机制，坚持司法为民，建设公正、高效、权威的社会主义司法制度。加快行政管理体制改革，建设服务型政府。健全政府职责体系，完善公共服务体系，推行电子政务，强化社会管理和公共服务。完善制约和监督机制，坚持用制度管权、管事、管人，让权力在阳光下运行。深入开展党风廉政建设和反腐败斗争，坚持党要管党、从严治党，贯彻标本兼治、惩防并举的反腐倡廉战略方针，重点加强对领导干部特别是主要领导干部的管理，扎实推进惩治和预防腐败体系建设。

三、社会主义社会的民主、自由和人权

民主、自由和人权是人类共同追求的价值理想。千百年来，人们为了追求这一理想前赴后继。但民主、自由、人权是个历史范畴，受国家制度、历史条件、经济发展水平及文化传统等多方面情况的制约。现阶段，由于国门打开，在好的东西进来的同时，不可避免的会带来"苍蝇和蚊子"。一些人、一些媒体鼓吹西方民主、自由、人权的完美无缺，片面鼓吹外面的世界很精彩。在这里，科学理解和正确处理民主、自由和人权问题，是社会主义民主政治建设面临的主要难题。

"民主"一词起源于古希腊文，由"人民"和"权力"两词合成，意为"人民的政权"，是人民当家做主的意思。"自由"通常是讲政治自由，主要指公民在法律范围内参与国家政治生活的一种权利。"民主"是政权的一种构成形式，"自由"则是政权给予公民的政治权利。"人权"泛指

人身自由和其他民主权利，主要包括生存权、发展权、经济权、政治权、文化权等。而公民在政治上应该享有的自由与民主权利，一般也被称作"人权"。

　　人类政治文明发展到现在，越来越清晰地表明，这个世界并不存在唯一、普适、绝对的民主模式，民主随着一个国家的经济发展而发展。作为上层建筑，取决于经济基础并受此制约。人类进入文明时代以来，在民主政治发展的过程中，既有建立在私有制基础上的为少数人服务的民主，又有建立在公有制基础上的为多数人服务的民主。这两者有个不容置疑的共同点就是，不管是资本主义民主，还是社会主义民主，都是有阶级性的，都是为了维护统治阶级的权益，为统治阶级服务。民主的实质决定民主的形式。民主的形式同民主的实质相比，处在第二位，具有多样性，没有统一的标准，它从各个方面表现着民主的实质。资本主义民主制度建立在生产资料私有制基础之上，是少数人的民主，是统治阶级内部的民主。社会主义民主建立在生产资料公有制基础之上，是多数人的民主，为广大人民群众所享有。资本主义民主是虚伪的民主，它否认其专政的一面，而只标榜民主，极力掩盖其剥削和压迫劳动人民的阶级实质。发展到现在，西方的民主形式发展得比较完备，所以它试图用民主形式掩盖其落后的民主本质，即资产阶级专政的本质。

社会主义民主从根本上优越于资本主义民主，也是迄今为止人类历史上最高形态的民主。社会主义民主政治的本质和核心是人民当家做主，它是真实的民主，并对自身的优越性充满信心。它公开承认自身的阶级性，认为民主和专政是辩证的统一，统治阶级的民主就意味着对被统治阶级的专政。由于社会主义民主发展的时间短，社会主义的民主形式还不完备，所以到目前为止，我们可以看到社会主义民主的优越性没有得到完全发挥。这也是我们迫切进行改革开放，想要实现现代化的根源，主要就是想为社会主义的民主发展奠定一个坚实的基础，使社会主义民主的优越性得到进一步发挥，使老百姓进一步明白从本质上而言，正是因为社会主义民主优于资本主义民主，社会主义的优越性才能这么快地得到发挥。只有明白这个道理，我们才能正确地认识中国政治制度和人民民主的本质。同时，也只有明白了上述的内容，我们才能知道社会主义优越性的发挥需要一个长期的过程。因为这受到我国社会经济、文化发展程度的制约。

处在社会主义初级阶段的中国，表现社会主义民主实质的民主形式到现在还很不完备，许多方面亟待丰富和完善。如民主制度依然不健全，人民当家做主的权利没有得到充分体现。任何事情的发展都需要时间，问题的解决也不是一劳永逸的，解决了的问题在某种条件下又可能出现反复。因此在现阶段，我们必须在中国共产党的领导下，从我国的国情出发，积极推进政治体制改革，逐步完善我国的社会主义民主建设。

自由也不是什么抽象空洞的概念，它也有自己的实际内容。资产阶级自由的虚伪性和它的民主的虚伪性一样，为了极力掩盖它的实质，总是在形式上给老百姓开各种各样的空头支票。

在社会主义制度下，老百姓真正获得了自由，从物质到精神。在社会主义制度下，广大劳动人民群众真正行使自由权利。劳动人民当家做主，是国家真正的主人翁，政权在人民手中，这是最大的政治自由；公有制为主体，从经济基础上根本铲除了金钱对自由的束缚。与此同时，我们的指导思想——马克思主义的最主要内容就是使人类从根本上实现民主、自由和人权。社会主义文化建设以此为指导，开辟了人类自觉创造历史的新时代，使人们在思想上获得了前所未有的自由。

人权,作为权利的一般表现形式,是社会的产物,最初是资产阶级为反对神权和封建特权提出的。从马克思主义的观点看,人权不能只局限于个人的政治权利,也包括个人的经济、社会权利。人权的基础是生命的生存和发展,没有生存权,其他人权均无从谈起。所以,从新中国成立,尤其是改革开放后,我们全力以赴发展经济,解决人民的温饱问题。但在西方发达国家,人权理论主要强调的是个人的政治权利,尤其是个人的投票权。马克思主义是科学,是真理,所以我们以马克思主义为指导,坚持人权不仅包括个人权利,还包括集体人权,不仅包括政治权利,而且包括经济、社会、文化、公民权利。对于发展中国家和落后国家来说,生存权和发展权是最根本最重要的人权。人权也不是抽象的,它是具体的,不是绝对的,而是相对的。同民主、自由一样,它和一个国家的各领域各方面发展水平情况密切相关。社会主义制度是先进的制度,但是由于我们现阶段经济文化发展落后,人权的实现程度会受到限制和影响。

中国处在社会主义初级阶段,这是我们当前最大的国情。由于我国各方面发展相对滞后,因此完全实现社会主义的民主、自由和人权，对于我们来说条件不充分。我们必须集中力量发展社会生产力，集中力量提高综合国力和人民生活水平，因此，邓小平等领导反复强调，稳定要压倒一切，经济发展压倒一切。民主、自由、人权，核心是民主。公民权利的实现和发展，都要通过国家政权，依赖国家政权。只有人民掌握政权，巩固和发展政权，人民才会拥有真正属于自己的民主、自由和权利。西方国家打着"人权高于主权"的旗号干涉别国内政，甚至颠覆别国政权，给这些国家的人民带去的只是痛苦、灾难和动荡不安。针对西方一些别有用心的人鼓噪：不许少数敌对分子对本国进行颠覆活动，就是没"民主"；社会主义国家或发展中国家惩治颠覆力量，就是没"人权"。邓小平说："人权重要，还是国格重要？我看国格是关系国家独立、主权和尊严的问题，是压倒一切的。任何一个人都是国家的一个成员，连自己国家的独立、主权都能背叛的人，值得信任和尊重吗？因为没有国权和国格，个人的人权根本就没有保障。

总之，从本质上来说，社会主义的民主、自由和人权优越于资本主义的民主、自由和人权，社会主义的民主、自由和人权是真实的民主、自由和人权，在实现民主、自由和人权方面不受权力、资本和金钱的束缚和压制。社会主义越发展，民主也越发展。但如同社会主义本质的充分实现需要一个过程一样，社会主义的民主、自由和人权的充分实现也需要有一个历史过程，需要我们积极投身实践，创造各方面条件，以使得我们最终享受社会主义的民主、自由和人权。

第四章　改革需要继续开放

对外开放包括两方面的内容。一方面是指国家积极主动地扩大对外经济联系和交往；另一方面是指放宽政策，发展开放型经济。我国实行对外开放是适应社会化大生产和经济生活国际化的客观要求，总结国内外历史经验的必然结果。通过扩大和发展对外经济、技术交流，积极参与国际竞争，以生产和交换的国际化取代自给自足，促进经济的变革，使我国经济发展结构由封闭型转变为开放型，促进国民经济良性发展。

第一节　对外开放的一个重要背景

上个世纪50年代到80年代，跨度长达30年，有将近100万名内地居民，经由深圳越境逃往香港。这一历时之长、人数之多的群体性逃亡事件，被称为"大逃港"。

关于为什么要逃港的问题,答案很多,但最主要的原因还是贫穷和饥荒。为了应对严峻的逃港潮,当地政府采取了各种各样的办法,都以失败告终。1962年,人民日报的一个记者受上级委派,来到深圳。通过深圳官员的帮助,这个记者办理了过境耕作证,前往香港九龙,了解情况。身临其境,这个记者切身感受到香港人民并不是生活在"水深火热之中",20世纪六七十年代香港经济高速发展,他们的生活水平高出内地很多,在我们食不果腹的时候,香港居民已经用上了电视机、洗衣机。回到深圳后,这个记者先后写了四篇内参,把自己所见所闻如实向中央报告。半年以后,中央指示,对逃港者放宽不究。与此同时,内地开始通过香港购买粮食,饥荒有了一定程度的缓解。但这样的政策并不能从根本上解决问题。在此后的十余年里,依然有许多人逃往香港。

1978年,习仲勋主政广东后,经过大量的走访,亲身感受到了当地居民对提高生活水平的渴望。他意识到,光靠严防死守不可能有效地遏制偷渡,必须另想办法。随后,广东省委主要负责人向中央提出了在深圳设立经济特区的想法。不久,这个想法得到邓小平的支持,因为邓小平意识到这是我们的政策有问题。逃港，主要是生活不好，差距太大，生产生活搞好了，才可以解决逃港问题。

1980年8月26日，在逃港的桥头堡深圳，中国第一个经济特区成立。在特区条例公布后的几天，逃港的人群突然消失了！不仅如此，许多已经逃到香港的当地居民，听说深圳设立经济特区，实行开放政策后，又都回来了。1997年香港回归后，偷渡基本绝迹。近年来，大量的香港人拥入内地反而成为一种潮流。在深圳特区成立十周年的1990年，记者采访前来深圳参加庆典的习仲勋。当聊起那段历史时，习仲勋意味深长地说了这样一番话：千言万语说得再多，都是没用的，把人民生活水平搞上去，才是唯一的办法。不然，人民只会用脚投票。

今天，"逃港"已经成为一个历史名词，甚至有很多人根本不知道这段历史。但是，作为历史悲剧的大逃港同时也是中国改革开放的催化剂。现今，原本荒凉贫瘠的逃港之地变成繁华之都，深圳作为中国最有活力的城市之一，吸引着许多有梦想的人驻足、停留。

第二节 我国对外开放理论相关内容

一、对外开放的基本原则

独立自主是我国对外政策的根本原则。独立自主是指国家的主权是独立的，不允许任何外来的干涉与侵犯。每个国家有权根据自己的实际情况独立自主地处理本国对内对外的一切事务。在社会主义现代化历史的新时期，邓小平进一步发展了独立自主原则，主要表现在于提出了不和其他国家结盟。他明确指出："中国的对外政策是独立自主的，是真正的不结盟。中国不打美国牌，也不打苏联牌，中国也不允许别人打中国牌。"中国不同任何国家结盟，不参加任何的军事集团。我们珍惜自己来之不易的独立自主，也尊重他国人民的独立自主和道路选择。既坚持独立自主，也坚持对外开放的基本国策，积极争取国际支援，发展国际合作，从国际大局和国内大局相互联系的角度出发，考虑中国和世界的发展问题，制定适合中国自身的发展战略。以独立自主的和平对外政策为指导，坚持走和平的发展道路，在积极地对外开放中，谋求和其他国家达到互利共赢，为建设一个持久和平、共同繁荣的和谐世界做出应有的贡献。

和平共处五项原则是处理国际关系的基本原则。1953年2月，周恩来在会见印度政府代表团时，首次系统地提出了和平共处五项原则。和平共处五项原则经过1955年的万隆会议为许多亚洲国家所接受。这五项原则后来进一步完整表述为：互相尊重主权和领土完整、互不侵犯、互不干涉内政、平等互利、和平共处。作为和平共处五项原则的倡导国之一，中国始终严格坚持这些原则。在国际事务中不谋私利，主持公道，推动国际合作，和平解决国际纠纷、争端，维护地区与世界持久和平。现在尽管进入历史新时期，但是和平共处五项原则依然具有强大生命力，依然是处理国际关系最有效的原则，最得到大家认可的原则。因为这一原则具有科学性和合理性，它不仅适用于社会制度相同的国家，也适用于社会制度不同的国家；不仅适用于发展中国家，也适用于发达国家；不仅适用于国家间的政治关系，也适用于国家间的经济关系。所以，在以后的对外交往中，我们仍然要始终不渝地遵循和平共处五项原则。

二、对外开放理论的主要观点

对外开放这一提法,是对我国积极参与国际合作、国际交往以及发展外向型经济理论的高度概括。语词精炼,易于理解,很快得到各方面的认同。对外开放理论是中国特色社会主义理论的重要组成部分,其主要内容可概括为以下几个方面:第一,一定要发展生产力,贫穷不是社会主义,社会主义要消灭贫穷。要发展生产力,关起门来肯定不行,必须对外开放。第二,开放包括对内开放和对外开放两个方面。对外开放是对世界所有国家的开放,对各种类型的国家的开放。第三,对外开放采取的形式灵活多样,既建立经济特区,也开放沿海城市,到现在沿江、沿边、内地都开放。第四,经济特区是社会主义的,不是资本主义的。在这里,判断姓"社"还是姓"资"的标准,应该以"三个有利于"为标准。以深圳特区为例来看,公有制是主体。三资企业是社会主义经济的有益补充,依然受我国整个政治、经济条件的制约,而不是不受限制任其发展。第五,要学会用经济方法管理经济,经济自身有它的发展规律。要向外国的先进管理方法学习。不仅新开办、引进的企业要学习采用他们的先进方法，我们原有的企业改造也要以先进的方法为指导。第六，改革开放，胆子不仅要大，步子还要快。看准了的就要大胆地尝试，经过实践的检验，对的就继续坚持，不对的马上改。第七，开放以后，不可避免地会有一些腐朽的东西带进来，对于一些地方、一些部门、一些人出现的丑恶现象，要注意方法，好好管理，教育引导为主，触犯法律法规，按法律法规办。第八，在中国整个发展过程中，对外开放政策要贯穿始终。现阶段生产力不发达的时候要对外开放，将来生产力发达了，对外开放政策也不会发生改变，要变也是变得更加开放。

对外开放政策，从理论和实践的结合上，全面系统地论述了对外开放对我国社会主义现代化建设的必要性、迫切性，同时也表明我们坚持和落实此政策的信心和决心。

第三节 对外开放是我国长期的基本国策

一、和平与发展是当今时代的主题

时代主题，是指在一定历史时期内反映世界基本特征并对世界形势的发展具有全局性影响和战略性意义的问题。随着世界形势和国际矛盾的发展变化,当今世界上真正大的问题,带全球性的战略问题,就是和平与发展的问题。和平问题是东西问题,发展问题是南北问题。时代主题的转换,为各国尤其是广大发展中国家在带来挑战的同时,也带来了难得的发展机遇。发展问题不仅是发展中各国人民的进步事业,同时也是全人类社会的进步事业。发展不仅是每个国家、每个民族繁荣昌盛的基础,也是人类向更高阶段文明迈进的基础。没有全人类坚实、平衡的经济和社会发展,持久的世界稳定与和平也很难实现,即使一时实现了,也很难巩固。发展问题既是发展中国家的责任,也是发达国家的责任。当今世界正处在大发展、大变革、大调整之中,气候变化、粮食安全、能源资源安全、恐怖主义、跨国有组织犯罪、重大传染性疾病等全球性问题和非传统安全威胁需要全球各国开放合作,协调解决。可见,求和平、谋发展、促合作已经成为不可阻挡的时代潮流。我们要抓住机遇,加快发展,赶超世界先进水平,尽快改变中国贫穷落后面貌,实现中华民族的伟大复兴。同时,世界的发展,西方主导的经济全球化向各个领域不断扩展深化,对我国社会主义制度的坚持和巩固，又会带来巨大的压力和严峻的挑战。如果我们没有得到应有的发展，我们与发达国家的差距还会进一步扩大，在国际竞争中将处于更加不利的境地。

二、当今的世界是开放的世界

进入20世纪中后期，现代科学技术革命突飞猛进，带动了整个世界和各国产业结构的巨大调整和变动，极大地改变了世界面貌和人类生活状况。世界经济一体化的趋势更加明显，各个国家和地区之间的联系更加密切，世界各国之间的互相开放、互相依存程度更加增强。世界最新通讯技术的运用和现代交通工具的变革，使各种交往手段越来越现代化，传统意义上的时空概念大大缩短，国际交往更加便利。各国政府为了在国际分工和国际竞争中获取最大利益，纷纷实行开放的政策，广泛地进行经济交流和合作，积极利用国外市场、资源、信息、技术和资金。邓小平指出现在的世界是开放的世界，这是对世界经济发展历史的深刻总结。在开放的世界中不实行开放政策，只能限制自己的发展。对外开放，不仅是发展中国家的需要，也是发达国家的需要，同时也是世界发展的大趋势。从当代生产力发展水平来看，生产的社会化和国际化程度在近几十年中空前提高，生产力领域的国际分工和协作有了长足发展，许多产品都是国际分工合作的产物。比如iphone的设计、制造和组装，都是最大限度地采取生产分割和外购的方式进行。苹果公司拥有iPhone这个品牌，并专门负责产品的设计和营销。除此之外，生产制造iPhone主要在美国以外的国家和地区进行。通过海外采购的方式，iPhone的零部件在多个国家和地区生产。iPhone制造涉及多个国家的多家公司，分别位于中国（包括大陆和台湾）、韩国、日本、德国和美国，主要生产者和供货商包括日本东芝、韩国三星、德国英飞凌、美国博通等企业。最后，所有iPhone部件被运输到富士康所在的深圳工厂进行组装，形成最终产品，再出口到美国和其他国家、地区。通过这种方式，苹果公司的产品成本得以有效控制，利润大大增加。

另外从科学技术的研究、运用和发展以及市场经济发展方向来看，开放化与一体化已经成为世界潮流，统一的国内市场已经发展成为世界市场。动用世界范围的人力、财力和物力，通力合作，共同攻关，已是大势所趋。在当代，任何一个国家要发展，都必须扩大对外开放，加强国际交往。中国的对外开放政策，就是对当代世界经济、科技发展和国际形势发展科学观察和概括的结果。

三、中国的发展离不开世界

邓小平关于对外开放的理论和政策是对毛泽东思想的继承和发展。早在新民主主义革命时期，毛泽东就指出，中国不是孤立的，也不能孤立，中国与世界紧密联系的事实，也是我们的立脚点。我们不是也不能是闭关主义者，中国早已不能闭关。毛泽东在新中国成立前夕就告诉世界，中国人民愿意同世界各国人民友好合作，和各国的通商事业要逐渐恢复，发展起来，以利于发展我国的生产和繁荣我们的经济。他在《论十大关系》一文中说，我们坚决抵制和批判外国资产阶级的腐朽制度和思想作风，但这并不妨碍我们学习资本主义国家先进的科学技术和管理方法。但由于帝国主义对我们实行敌视、封锁和禁运的政策，以及后来我们自己所犯的"左"的错误，毛泽东在对外开放方面的许多正确思想未能完全付诸实施。

十一届三中全会后，为了使我国社会主义经济发展得快一些，邓小平积极寻找出路和办法，在此过程中，邓小平格外重视对外开放，认为这是解决中国许多问题的有效途径。

1980年在中央工作会议上，邓小平正式使用了"对外开放"这一提法，1984年，党的十二届三中全会把实行对外开放定位为我们的基本国策。之所以有这样的定位，重要依据是邓小平的两个重要观点，即"现在的世界是开放的世界"，"中国的发展离不开世界"。1984年10月，邓小平又一次指出，关起门来搞建设是不能成功的，中国的发展离不开世界。对内经济搞活，对外经济开放，不是短期的政策，而是长期的政策，即使是变，也只能变得更加开放。可见对外开放没有回头路，是实现我国社会主义现代化的一项长期的基本国策，是中国共产党和中国人民建设中国特色社会主义的历史性选择。

实行对外开放政策，是对世界经济发展历史的深刻总结，也是对我国历史经验教训的深刻总结。西方国家产业革命后，我们变得越来越落后，曾经有一时段，我们的经济、社会发展长期停滞，闭关自守是一个重要的原因。以往的经验和教训使我们警醒，不开放不行，要发达，要富裕，必须实行开放政策。中国在实现现代化的进程中存在着许多缺陷和不足，必须充分利用国内国际两种资源、两个市场。

实行对外开放也是充分发挥社会主义制度的优越性，吸取人类文明成果,建设优于资本主义的社会主义的需要。社会主义要赢得与资本主义的比较优势,就必须以积极的态度学习和吸收人类文明的一切优秀成果,借鉴、吸收当今世界各国一切反映现代社会化生产规律的先进经营方式、管理方法。这里的各国当然包括资本主义发达国家。作为一种新生的社会制度,社会主义在各国的实践,起点低、底子薄,必须继承和利用资本主义社会已经创造出来的全部社会生产力和全部优秀文化成果,并在此基础上,结合本国实际进行新的创造,才能真正建设成功优越的社会主义。

四、1978年邓小平访日

1978年10月22日至29日,十一届三中全会召开前,作为中国国家领导人,邓小平首次正式访问日本。在这次访问中,他积极向日本学习现代化的经验和方法,以便为他正在谋求的中国大发展方略提供更好的思路和指导。怎么样才能让中国回到国际社会的主流,中国如何进行改革开放,中国怎么样才能尽快走出困境,变得更加繁荣富强,是邓小平思考了多年的问题。

访问期间,在东京的一次记者招待会上,邓小平接受了世界多国知名媒体、新闻机构的采访。他同四百多名记者欢聚一堂，聚焦谈论的主要问题就是中国要实现现代化，中国怎么样实现现代化以及中国现代化的水平。他说："我们在20世纪末实现的现代化，要接近当时的水平。现在的世界发展这么快，到了那个时候，那时的水平又不一样，日本肯定就不是现在的水平，会发展得更高。而我们要达到你们现在的水平都不容易，都需要艰苦努力。要达到你们20世纪末的水平就更难。对于这个困难，我们很清醒，但是中国必须实现现代化。我们要实现现代化，不仅要有正确的政策，还要善于向各方学习，现在国际先进的技术、先进的管理方法都是我们要学习的。我们必须老老实实地承认自己的落后，这次来到日本，我们就是抱着谦虚的态度，向日本请教，向日本学习。相信我们这样做，我们就有希望。"邓小平的一番坦言，让西方记者充分领略了他率真、务实和开放的风格。他在谈到要承认落后的时候，说了一句饶有风趣的话，长得很丑却要打扮得像美人一样，那是不行的。这一尖刻的自我评价尽管逗得在场记者哄堂大笑，但我们不得不承认这种敢于面对现实的态度正是中国发展的希望所在。

这次访问，邓小平还会见了日本的六个在野党领导人。

大家都听说过这样一个故事，秦始皇曾经派徐福东渡日本，寻求长生不老药。在这次会见中，邓小平幽默地提及这个故事。他提到，我们这次访问的目的有三个：第一，交换批准书；第二，感谢日本的老朋友的努力；第三，听说日本有长生不老药，我们来寻找，也就是来寻求日本的丰富经验。邓小平的话引发了各党领导人会意的笑声，在轻松愉悦的会见中，日本各党人士都意识到邓小平取经之旅的目标所在，中国发展现代化时不我待。在短暂的八天访问行程中，邓小平怀着浓厚的兴趣先后参观了日本著名的汽车、电器公司。在乘坐新干线时，他说："快！真快！就像后边有鞭子赶着似的！这就是现在我们需要的速度。""我们现在很需要跑。"他还说这次访日自己明白了什么是真正的现代化。在访问中，邓小平总是一边参观，一边对比。参观新日铁的君津钢铁厂时，他仔细询问工厂的设备、技术，并希望把日本先进的生产管理经验带到中国来。因为他深深地知道，中国也需要这样的设备和技术，也需要这样的先进工厂。

　　邓小平访日"取经"之旅后，中国出现了"日本热"。中日两国政府间的会议相继举行，各领域、各层次的交流日趋活跃，两国间经济、贸易、技术、学术方面的交流、合作迅速发展。

五、卡特谈中美建交

吉米·卡特，1977—1981年任美国第39任总统。在中美两国迎来建交30周年和中国改革开放30周年的2008年，卡特接受了中国驻美记者的联合采访。他为自己当年与邓小平共同做出的正式建立美中外交关系感到自豪，并期望美国新一届政府能够将这种友好关系保持下去。

2008年的时候，卡特已经84岁高龄。但他依旧精神矍铄，思路敏捷。他首先回顾了当年美中建交的经过。因为他的生日和中国的国庆节是同一天，即10月1日。所以邓小平和中国其他领导人都说，卡特成为中国的朋友是命中注定的。在卡特当选美国总统后便认识到，美中一直没有建立外交关系，这对两国都不是好事情，必须加以改变。于是便开始直接同中国领导人，尤其是邓小平本人进行秘密的建交磋商，最后于1978年12月15日（北京时间为12月16日）同时在华盛顿和北京宣布了两国建交公报。非常巧的是，两三天后，即12月18日，中共十一届三中全会召开，中国改革开放的历史性进程正式开启。

这位美国前总统话语中处处流露出对邓小平的钦佩。邓小平的务实、洞察力和超强行动力给他留下深刻的印象。卡特说，他邀请邓小平访问美国，估计邓小平第二年六月才会前来，可是邓小平携夫人和庞大的随行团队第二年一月就来了，美方非常高兴地给予了隆重接待。会见期间，美中达成了广泛的协议，有几十项之多，涉及到两国发展的很多方面。

邓小平访美是美中历史上一个重要转折点。"我和邓小平之间关系很好"，卡特说。邓小平访美之后，两国间高层互动频繁。有一件事卡特记忆犹新。他的一个科学顾问在北京和邓小平会谈。当时中国是白天，而美国是半夜。凌晨三点正在白宫睡觉的卡特被电话叫醒。那位科学顾问说，他自己也不愿意打扰卡特休息，可是他正在和邓小平会谈，邓小平问了一个他无法回答的问题，中国能不能送5000名自己的学生到美国留学。卡特高兴地说，当然可以。邓小平他可以派10万人。卡特认为这件事表明了邓小平和他之间良好的关系。从那时开始，两国之间的关系不断改善并发展。

卡特坦言他当年并没有预见到30年后的中国会发生如

此巨大的变化。他说了几个"没想到"和"低估"。没想到中国会成为世界上发展最快的经济体，年经济增长率高达10%，全球最快；没想到美国会与中国出现如此大的贸易不平衡；没想到中国会持有数千亿美元的美国国债；没想到中国通过宣布5860亿美元（4万亿人民币）的经济刺激计划，成为当前稳定全球经济的主要力量。低估了这些变化带来的益处；低估了中国人民以及他们领袖的能力与雄心。卡特说，美中关系正常化和邓小平对改革的承诺改变了中国，现在中国发生了巨大变化，中国在国际上也成为世界性角色。中国不仅成为世界上最大的出口国，在外交和政治方面也大规模地扩展了自己的影响，这都验证了邓小平的智慧和他的洞察力。

谈到中美关系未来时，卡特表示，最重要的是要相互尊重。他说，他将访问中国，访问回来后出席美国当选总统奥巴马的就职典礼。在他的日程上，最重要的事情就是向奥巴马更强有力地建议，维护美中两国间的相互尊重。在讨论中保持一种公开坦诚的态度，使两国间可能出现的分歧或可能发生的竞争以一种相互尊重的、和平的方式获得解决。做到这一点，我们30年前开创的持久友谊就能永远保持下去。

此外，卡特还介绍了卡特中心与中国富有成果的广泛合作关系，希望卡特中心能成为一座桥梁，为美中两国关系的和谐发展作出努力。

2009年10月24日，卡特出访中国，参加中美建交30周年的庆祝活动。他说，他要感激中国，感谢中国领导人和中国人民在维护世界和平与促进全人类福祉方面把美国和他个人作为伙伴。他也对自己当年作出的历史性决定感到自豪。2012年12月24日，卡特再一次出访中国，"邓小平"依然是他在采访中最常提及的人名。对这位业已卸任的美国前总统来说，邓小平不仅意味着他政治生涯中最大的成就之一，也代表了他最欣赏的"中国精神"——改革、开放。这次访华，对于我们新任领导习近平，卡特不吝溢美之词。他说，中国新领导人让我印象深刻，我和习近平多次见面。我非常赞赏他对基本原则的坚持。知道几天前习近平刚刚视察深圳和他关于改革开放的言谈，我们相信改革开放的政策会在中国延续。

第四节　毫不动摇地坚持对外开放

一、对外开放是全方位、多层次、宽领域的开放

党的十一届三中全会以后，我国开始了对外开放的历史进程，成功实现了从封闭半封闭到全方位开放的伟大历史转折，从建立经济特区、发展对外贸易、引进外资、扩大对外经济技术交流与合作开始，逐步形成了全方位、多层次、宽领域的对外开放格局。

所谓全方位，就是不论对资本主义国家还是社会主义国家，对发达国家还是发展中国家都实行开放政策。各民族、各国家，无论大小，无论发展程度如何，属于什么性质和类型，都有自己的长处，只要可以和我们互通有无，我国都应在平等互利的基础上积极发展同它们的经济贸易关系。基于这样的原则，改革开放以来，我国已经与绝大多数国家和地区开展了贸易往来。所谓多层次，就是根据各地区的实际和特点，通过经济特区、沿海开放城市、经济技术开发区、沿

海经济开放区、开放沿边和沿江地区以及内陆省区等不同开放程度的各种形式,形成全国范围内的对外开放。这种多层次对外开放格局的形成是一个在不断总结经验的基础上,有重点、有层次、由点到面、逐步推进、全面展开的过程。所谓宽领域,就是立足于我国国情,对国际商品市场、国际资本市场、国际技术市场、国际劳务市场的开放,把对外开放拓宽到能源、交通等基础产业以及金融、保险、房地产、科技、教育、文化、服务业等。

我国全方位、多层次、宽领域的对外开放格局的形成经历了一个艰辛的过程。1978年5月2日到6月6日,时任中国国务院副总理的谷牧带领的国家级政府经济代表团出访西欧五国(法国、瑞士、比利时、丹麦、西德)。这是新中国成立后,我们第一次走访发达国家。这次经历让代表团成员刻骨铭心。考察团历时一个多月,到了西欧五国的25个主要城市,参观了包括工厂、矿山、农场、大学等80多个地方。所见所闻,震撼着代表团每个人的心。瑞士伯尔尼公司的一个水力发电站,装机容量为2.5万千瓦,职工只有12人。我国江西省江口水电站,当时装机2.6万千瓦,职工却有298人,高出人家20多倍。此外,这些国家的农业现代化水平相当高。在丹麦，农业劳动力占全国总劳动力只有6%到7%，但生产的粮食、牛奶和猪肉可以满足三个丹麦总人口的需要。两次世界大战后，西欧发达国家的经济有了很大发展，尤其是在科学技术方面日新月异，把我们远远落在了后面，它们在社会化大生产的组织管理方面有许多值得我们借鉴的经验。独立自主不是闭关自守，自力更生不是盲目排外，中国必须向世界打开大门。

考虑到我国的国情，开放政策的落实必须找个突破口，找个适合我国开放政策的地方作为试点。1979年7月，中央批准在深圳、珠海、汕头、厦门试办出口特区，并于第二年正式命名为"经济特区"。中国对外开放迈出了具有关键突破意义的一步。1984年4月，中央决定，进一步开放上海、天津等14个沿海港口城市，放宽这些城市的权限，鼓励他们开展对外经济合作，同时给予"三资"企业优惠待遇。不久，对外开放范围进一步扩大到长江三角洲、珠江三角洲和厦漳泉三角地区。后来又扩大到辽东半岛和胶东半岛。1988年，七届全国人大一次会议决定建立海南省，并将全省设为经济特区。

开放，进一步开放，全方位开放。在此过程中，国家加快和深化外贸体制改革,发展外向型经济,直接吸收和利用外商投资。在对外开放政策的带动下,从1984年到1988年,中国经济飞速发展。经济总量、社会商品零售总额和外贸进出口总额都翻了一番,国家财政收入增长了40%。1992年,经历了国际国内复杂形势考验的中国,继续推进对外开放。这年秋天召开的中国共产党的十四大明确提出,要进一步扩大对外开放,更多更好地利用国外资金、技术、资源和管理经验。以此为指导,20世纪90年代以来,国家先后设立15个保税区,开放了长江沿岸的6个港口城市,批准设立长江三峡经济开放区,开放13个陆地边境城市,批准内地所有省会城市对外开放……从沿海到沿江沿边,从东到西,从南到北,中国全方位、宽领域、多层次的对外开放局面基本形成。

中国向世界打开了大门,三十多年里,外国人来了,外国商品来了,外国资金来了,外国技术来了,外国有益的经验和观念也来了。开放让我们见多识广,以更加自信、更加从容的姿态,敞开胸怀,拥抱世界。

经历长达15年的艰苦谈判,2001年11月10日,世界贸易组织第四届部长级会议通过了中国加入世贸组织的决定。这是中国对外开放进程中的一件大事情。之所以加入世贸组织，是中国全面分析国内外形势，为加快推进改革开放和社会主义现代化作出的重大战略决策。加入世界贸易组织以后，中国既享受权利又履行义务，既注重自身发展又促进世界发展，以认真负责的态度全面履行承诺，积极利用有利条件，把不利影响减少到最低限度，发展开放型经济，使中国和世界的关系有了新变化。2011年12月11日，胡锦涛在中国加入世贸组织十周年高层论坛上发表重要讲话：

10年来，中国全面履行加入世界贸易组织承诺，贸易和投资自由化便利化程度显著提高。我们不断扩大农业、制造业、服务业市场准入，不断降低进口产品关税税率，取消所有不符合世界贸易组织规则的进口配额、许可证等非关税措施，全面放开对外贸易经营权，大幅降低外资准入门槛。中国关税总水平由15.3%降至9.8%，达到并超过了世界贸易组织对发展中国家的要求。中国服务贸易开放部门达到100个，接近发达国家水平。我们大规模开展法律法规清理修订工作，中央政府共清理法律法规和部门规章2300多件，地方政府共清理地方性政策和法规19万多件。中国对外开放政策的稳定性、透明度、可预见性不断提高。

10年来，中国坚持实行平等互利、合作共赢的对外开放政策，为世界经济发展带来有力推动。中国全面享受世界贸易组织成员权利，经济发展获得了良好外部条件，同世界各国在经济、贸易、科技、文化等领域交流合作的广度和深度不断拓展。中国货物贸易额的全球排名由第六位上升到第二位，其中出口额跃居第一位，进口额累计达到7.5万亿美元；累计吸收外商直接投资7595亿美元，居发展中国家首位；对外直接投资年均增长40%以上，2010年达到688亿美元，居世界第五位。中国每年平均进口7500亿美元的商品，为贸易伙伴创造大量就业岗位和投资机会。在华外商投资企业累计汇出利润2617亿美元，年均增长30%。

10年来，中国积极承担应尽国际责任，努力推动各国共同发展。我们积极采取一系列重大政策措施，同国际社会一道应对国际金融危机，着力推动世界经济强劲、可持续、平衡增长。我们坚定支持世界贸易组织多哈回合谈判，参与国际宏观经济政策协调，参与二十国集团等全球经济治理机制建设，致力于国际货币体系、国际贸易体系、大宗商品价格形成机制等改革和完善，致力于促进经济全球化和区域经济一体化。我们高举自由贸易旗帜，反对各种形式的保护主义，推动建立公平、合理、非歧视的国际贸易体系。我们积极推动建立更加平等、更加均衡的新型全球发展伙伴关系，加强南北对话和南南合作，加大对外援助力度，近10年累计对外提供各类援款1700多亿元人民币，免除50个重债穷国和最不发达国家近300亿元人民币到期债务，承诺对同中国建交的最不发达国家97%的税目的产品给予零关税待遇，为173个发展中国家和13个地区性国际组织培训各类人员6万多名，增强了受援国自主发展能力。

  10年来的实践，丰富了我们在经济全球化条件下发展中国的认识，坚定了我们实施对外开放基本国策的信心。实践证明，中国加入世界贸易组织，扩大对外开放，惠及13亿中国人民，也惠及各国人民；中国的发展是和平的发展、开放的发展、合作的发展、共赢的发展，向世界展示了中国这个东方文明古国的勃勃生机和巨大潜力。

  三十多年前，在美国著名未来学家阿尔文·托夫勒撰写的《第三次浪潮》中，称中国"是一个封闭的国家"。2006年托夫勒再次来华访问时，看到的却是"一个不同的中国"。以"预言未来"闻名的这位未来学家谈起改革开放30年后的中国时坦承：我们对中国没有足够的了解，我们不是中国专家。我们的书偶然地在一个恰好的时刻到了中国。中国的成就，是显著而奇妙的。我们没能预见到中国会发展得这么快和这么成功。

二、中国影响世界

对于世界来说，中国曾是个遥远的故事。而现在，中国则是一种复杂的存在。谈到中国，人们联想到的不仅只是四大文明和长城，还有无处不在的中国人和中国制造。是的，改革开放的中国不仅要大力"引进来"，而且还要积极"走出去"。

中国一些具有实力和远见卓识的企业也大胆"走出去"。海尔集团是其中之一。海尔"走出去"的目的就是要从制造商发展成为品牌商，利用差异优势创造世界名牌，把中国制造改为中国创造。因为集团负责人张瑞敏认为，如果我们不创立自己的名牌，那么中国就不是名副其实的世界工厂，而是世界加工厂。如今的海尔已在全球建立了29个制造基地，8个综合研发中心，19个海外贸易公司，员工总数超过6万人，2008年海尔集团实现全球营业额将近1.2千亿元。2004年12月8日，联想用12.5亿美元购入IBM的PC业务。自此，位于全球PC市场排名第九位的联想一跃升至第三位。2007年，百度将日本作为国际化战略第一站，正式宣告"走出去"战略。到2008年，百度在日本开发出一系列富有特色的产品，如视频搜索、博客搜索等。成为日本第四大独立搜索引擎，在速度、运行稳定方面也超过海外主要竞争对手。2009年4月，吉利汽车收购了全球第二大自动变速器制造企业澳大利亚DSI公司，使其核心竞争力大大增强。2010年3月28日，吉利汽车与美国福特汽车公司在瑞典哥德堡正式签署收购沃尔沃汽车公司的协议。2009年7月，我国中海油和中石化宣布以13亿美元联合收购美国马拉松石油公司的资产。相关人士认为，这次两大石油公司共同出资进行海外收购，不仅避免了国内公司之间不必要的竞争，而且有利于增强中国公司在海外并购的力量，是石油公司"走出去"值得借鉴的模式。

在中国企业在世界发挥影响的同时，中国人也在影响着世界。现在，有人的地方就有中国人。三十多年前，封闭、落后、贫穷的中国人很少走出国门，外国人偶尔在自己的国家见到中国人也很惊讶，会把中国人当成日本人。现在，情况完全不同了。改革开放后，富裕起来的中国人纷纷走出国门，旅游、留学、工作、移民等等。国家旅游局副局长王志发介绍，目前每年出境的中国公民已超过4000万人次，中国人的足迹遍布世界各地。预计到2015年，中国出境人数将达到1亿人次。对于外国人来说，不管他们把中国人当作竞争对手也好，当成带来利益和实惠的朋友也好，中国人越来越成为一个不可忽视的存在。所以，我们每一个中国人，都可能成为世界观察中国的一个小窗口。作为一个个体，我们应该不断提高自身的综合素质，为这个国家增光添彩。经过三十多年的发展，中国商品无处不在，学中文越来越热，孔子学院遍地开花，那么中国是不是已经实现了与世界的完全融合，答案是事实并非如此。近年来，"黄祸论"、"中国威胁论"、"中国崩溃论"、"中国新崩溃论"，仍有着自己的市场，有的还曾经一度甚嚣尘上。由此可见，外部世界依然对中国不了解，对中国抱有偏见、怀疑，甚至警惕。要让外部世界更加了解中国，只有进一步扩大开放，扩大对外交流，才能促进中外之间正确认知的达成。现在，几乎我们每个人都有走出国门的机会，也都有和外国人接触和交流的机会，我们一定要发挥好自己的作用，从点点滴滴做起，做一个充满正能量的个体，为中国和外国的深入交流和理解，做出我们的贡献。使我国在对外发展过程中获得更多机遇，更多支持，更多合作，减少误解，减少摩擦，减少阻力。

中国作为世界上最大的发展中国家,其三十多年的发展速度是十分惊人的。而中国自身的问题,中国与外部世界的关系,又如美国智库耗时三年完成对中国的研究报告中所指称的"极度复杂"。由此可见,中国发展带给世界的影响绝不是正面或负面、好或坏那么简单。日久见人心,中国只有进一步加强同外界的联系,与外界交往的时间越长、程度越深,其他国家,外国朋友就能明白中国和平崛起的良苦用心,中国的崛起不会给别的国家带来威胁和坏处,热爱和平、亲切友好的中国只会让这个世界变得更加美好。

对于一些对中国别有用心的势力而言,我们也会告诉他们:任何外部力量都不能阻碍中国实现民族复兴的伟大目标。社会主义国家的改革最早可以追溯到上个世纪50年代中期,但是到了上个世纪80年代末90年代初,不仅苏联解体,保加利亚、匈牙利、捷克斯洛伐克、阿尔巴尼亚、南斯拉夫、民主德国(东德)等东欧国家,都发生了政权更迭、社会制度剧变的类似事件。而且南斯拉夫一分为五,分为了波斯尼亚和黑塞哥维那、南斯拉夫联盟(2003年2月4日,南斯拉夫联盟后更名为塞尔维亚和黑山。2006年6月3日,黑山宣布独立)、斯洛文尼亚、克罗地亚、马其顿五个国家;捷克斯洛伐克一分为二，分裂为捷克共和国和斯洛伐克共和国两个国家。这就是历史上有名的苏东剧变，也称"苏东波"。与此同时，社会主义中国的改革一枝独秀，尤其邓小平南方谈话犹如春风吹拂大地，中国改革开放取得的成绩举世瞩目。如果说20世纪初是社会主义拯救中国，那么在20世纪末则是中国拯救了社会主义在全世界的威望。是的，中国特色的社会主义道路和西方公认的道路和模式有很大的不同。因为从文艺复兴、地理大发现到启蒙运动，西方现代文明进入全盛期后，西方人认为，基督教文明和西化是实现现代化的唯一文化和制度基础。而中国现在的和平崛起则从一个角度表明西方人的发展模式、发展道路、价值观等一系列根本的东西只是一种选项而非唯一真理。这就更加说明我们必须坚持自己的道路自信、理论自信和制度自信，这个世界成功的道路不只一条，条条道路通罗马。所以这也是我们对外开放同时坚持独立自主的原因所在，中国所制定的一切方针政策都是基于中国的历史、基于中国的现实和中国的基本国情，离开本国实际情况，任何玄妙的理论都会成为无源之水，无本之木。中国现在处在近代历史上最好的时期，只要我们目标明确，信心坚定，政策科学，没有任何一种外部力量能够阻碍中国实现民族复兴的伟大目标。

三、不断提高开放型经济水平

三十多年改革开放的实践告诉我们,中国发展进步离不开世界,世界繁荣稳定也离不开中国。胡锦涛在博鳌亚洲论坛2008年年会上的讲话引起国内外人士的强烈共鸣。中国共产党已经清醒认识到,中国的发展还面临不少困难和问题,突出的是:经济增长的资源环境代价过大;城乡、区域、经济、社会发展仍然不平衡……这些问题,只能在进一步的改革开放中逐一解决。

党的十七大以来,我国继续积极扩大开放领域,优化开放结构,提高开放质量,创新对外开放思路,开创对外开放的新局面。新时期新形势对我们提出了新要求,我们将以更宽阔的视野,站在中国的角度看世界,同时也以世界的眼光看中国。推动中国进一步科学发展,积极融入世界大家庭,以更加主动的开放战略,拓展不同的、新型的开放领域和空间,完善我们各方面的体制和机制,进一步提高我国的经济发展水平和质量,形成更加完善的开放型经济新格局,更好地以开放促发展、促改革、促创新。2011年12月11日,"中国加入世界贸易组织十周年高层论坛"在人民大会堂举行，胡锦涛发表主旨演讲，阐明我国进一步对外开放的政策。

中国将进一步扩大对外经济技术合作。我们将适应国际产业转移和国内外市场需求变化，更加注重加强同世界各国的经济技术交流合作，推动经济发展方式转变和经济结构调整，大力发展结构优化、技术先进、清洁安全、附加值高、吸纳就业能力强的现代产业体系，促进产业结构优化升级。我们将继续通过开放市场、引进先进技术提升制造业国际竞争力，推动传统制造业向价值链高端延伸，促进战略性新兴产业加快发展。我们将加强生态文明建设，坚持绿色、低碳发展理念，加强资源节约和生态环境保护，大力发展绿色产业和节能环保产业。我们将扩大服务业开放，积极承接国际服务业转移，加快发展服务业特别是现代服务业。我们将稳步推进农业领域对外开放，促进农业结构调整，推动农业朝着集约化、效益型方向发展。我们将加快构建现代文化产业体系，吸收外资进入法律法规许可的文化产业领域，鼓励外资企业在华进行文化科技研发、发展服务外包。我们将更加注重为包括外资企业在内的各类所有制企业提供公平的市场准入待遇，更加注重在开放中增强技术进步和体制创新动力。

中国将进一步促进对外贸易平衡发展。我们将坚持进口和出口并重，把扩大进口和稳定出口结合起来，把积极扩大进口作为转变外贸发展方式的重要内容，努力促进国际收支基本平衡，不刻意追求贸易顺差。我们将完善进口支持政策，降低进口成本，提高进口便利化。今后五年，随着中国扩大内需战略的有效实施，中国消费结构将继续提升，居民消费潜力将进一步释放，预计社会消费品零售总额年均增长15%以上，2015年有望达到32万亿元人民币，国内市场规模将位居世界前列，今后五年中国进口总规模有望超过8万亿美元，这将给世界各国带来巨大商机。我们将加强同主要顺差来源国的经济合作，通过共同努力逐步解决贸易不平衡问题。我们也希望有关国家尽快承认中国完全市场经济地位，放松高新技术产品对中国出口管制，方便中国企业前往投资，为双边贸易平衡发展创造条件。

中国将进一步完善全方位对外开放格局。中国区域多样化和发展不平衡蕴含着多层次多元化的投资机会。我们将把扩大对外开放和区域协调发展结合起来，协同推动沿海、内陆、沿边开放，形成优势互补、分工协作、均衡协调的区域开放新格局。我们将继续深化沿海地区对外开放，鼓励外商投资企业参与沿海地区技术研发、高端制造、生态功能区建设和现代服务业发展，在更高水平上实现优势互补、合作共进。我们将积极支持外商投资企业到中西部地区投资办厂，参与中国中部地区崛起、西部大开发和东北地区等老工业基地振兴。我们将加快沿边开放步伐，加强与周边国家的基础设施互联互通，繁荣双边经济，实现互利共赢。我们将积极扩大文化、教育、科技、卫生等领域对外交流合作，在扩大开放中促进中国社会事业发展。

中国将进一步坚持"引进来"和"走出去"并重。"引进来"和"走出去"是中国对外开放的重要内容，也是中国深化对外经贸合作、促进与世界各国共同发展的有效途径。中国将继续扩大各领域对外开放水平，强化产业政策与外资政策的协调，继续欢迎各国投资者来华投资兴业，鼓励外商在华设立研发中心，利用全球科技智力资源推动国内技术创新。中国将加快实施"走出去"战略，按照市场导向和企业自主决策原则，引导企业有序开展境外投资合作，重视开展有利于不发达国家改善民生和增强自主发展能力的合作，承担社会责任，造福当地人民。

中国将进一步营造公平透明的市场环境。我们将按照转变职能、理顺关系、优化结构、提高效能的要求,加快建设法治政府和服务型政府,继续开展涉外经济法律法规、规章及政策措施的清理工作,深化行政审批制度改革,减少政府对微观经济活动的干预,健全制约和监督机制,推动政府服务朝着更加规范有序、公正公开的方向发展。我们将加大知识产权执法力度和司法保护力度,健全市场信用体系,完善市场监管体系,加快形成统一开放、竞争有序的全国大市场,为国内外投资者提供良好经营环境。中国将加强自身投资环境建设,继续优化公共服务和管理,不断完善市场体系,为国内外投资者提供公平、稳定、透明的投资环境。

中国将进一步推动共同发展。我们将高举和平、发展、合作旗帜,积极参与国际事务,承担力所能及的义务和责任,继续在国际经济体系中发挥建设性作用,同各国一道分享发展机遇,应对各种挑战,使中国发展惠及更多国家和人民。我们将加强同发展中国家的务实合作,增加对发展中国家的经济援助和人才培训,扩大同发达国家的互利合作,深化同周边国家的睦邻友好合作,扩大同各方利益汇合点,妥善处理经贸摩擦。我们将致力于维护和加强多边贸易体制,继续推动多哈回合谈判,积极参与全球经济治理机制改革,推动国际经济秩序朝着更加公正合理的方向发展。我们将加快实施自由贸易区战略，推动区域经济一体化更好更快发展。面对国际金融危机、粮食危机、气候变化以及重大自然灾害，中国将同各国合力应对国际社会共同面临的挑战，为推动建设持久和平、共同繁荣的和谐世界做出新贡献。

十八大报告明确指出，坚持和发展中国特色社会主义的必由之路就是改革开放。在治国理政的各个环节，要始终贯彻改革创新精神。坚持对外开放的基本国策，坚持社会主义市场经济的改革方向，不断推进理论、制度、科技、文化等方面的创新以及协调，不断完善和发展我国的社会主义制度。中共中央总书记习近平2012年12月5日下午在人民大会堂与在华工作的外国专家讲话中也指出，我们的事业是向世界开放学习的事业。没有哪个国家关起门来搞建设能搞成功，中国不可能也决不会走回头路。现在的我们既不封闭，也不僵化，坚定坚持对外开放的基本国策，大门大开搞建设。现在，中国已经取得了举世瞩目的发展成就，但是我们知道谦受益，满招损。我国仍然是一个发展中国家，许多方面依然排在世界后列，处于改革深水区的中国，仍然面临一系列严峻挑战，需要面对和解决方方面面的问题。我们既不妄自菲薄，也不妄自尊大，更加注重学习吸收世界各国人民创造的优秀文明成果，同世界各国相互借鉴、取长补短。中国开放的大门不会关上。未来中国将在更大范围、更宽领域、更深层次上提高开放型经济水平。中国的大门将继续对各国投资者开放，希望外国的大门也对中国投资者进一步敞开。

改革是中国的第二次革命，这是真正当代"中国好声音"，我们要将改革开放事业进行到底。

知 识 链 接

改革是中国的第二次革命

引述来自邓小平同志1985年3月28日会见日本自由民主党副总裁二阶堂进时的谈话。在这次谈话中,邓小平提出了"改革是中国的第二次革命"。说明我们的改革是全面的改革,从深度、广度看错综复杂,牵涉到方方面面的利益,是冒风险的事情,困难程度并不亚于一次革命。但是这是一件重要的必须做的事情,为了前进,我们必须这么做。我们要善于总结经验,对的坚持,不对的赶紧改,步子既要大,又要稳。对于改革开放,我们头脑是清醒的,我们意识到会出现一些问题,但我们更知道它对中国未来发展的无限动力。在中国,改革开放的政策是不可逆转的。

两个凡是

凡是毛主席作出的决策,我们都坚决维护,凡是毛主席的指示，我们都始终不渝地遵循。

大包干

也叫包干到户。中国农村家庭联产承包责任制的主要形式。农户承包集体的基本生产资料（主要是土地）自主经营，包交国家和集体应得的各项款项，其余产品或收入归承包户所有。农民享有对土地的经营管理权，但所有权仍归国家所有，依然是共有的。这项制度最早在安徽省凤阳县小岗村实行，收效很大，进而随着改革开放的春风，飘向全国各地。这项制度，口号为"交够国家的，留足集体的，剩下都是自己的"。但在农业税免除的今天，就都是自己的了。这一制度的目的在于改变农民生产积极性低下状态，结束农村集体耕作的弊端。

汉江奇迹

1953年到1996年间首尔经济的迅速发展。因汉江贯穿了首尔的中心，将首尔分为江南和江北，故以汉江为名。自上个世纪60年代以来，韩国政府实行了出口主导型开发经济战略，推动了本国经济的飞速发展，成为"亚洲四小龙"之一。朴正熙,韩国第五至第九任总统,韩国现任总统朴槿惠的父亲。朴正熙一生忘情于国家和民族的富强,上台后为韩国的崛起做出了巨大贡献,是"汉江奇迹"的缔造者。

农民工

是指在本地乡镇企业或者进入城镇务工的农业户口人员,农民工是我国特有的城乡二元体制的产物,是我国在特殊的历史时期出现的一个特殊的社会群体。

低碳发展

是一种以低耗能、低污染、低排放为特征的可持续发展模式。"低碳"与"发展"的有机结合,一方面要降低二氧化碳排放,另一方面要实现经济社会发展。低碳发展并非一味地降低二氧化碳排放,而是要通过新的经济发展模式,在减碳的同时提高效益或竞争力,促进经济社会发展。我国作为发展中国家,虽然短期内不能在国际社会承诺进行碳排放总量的控制,但从可持续发展的角度考虑,推进低碳发展迫在眉睫。

出口管制

是指一个国家的政府通过建立一系列审查、限制和控制机制，以直接或间接的方式防止本国限定的商品或技术通过各种途径流通或扩散至目标国家，从而实现本国的安全、外交和经济利益的行为。许多国家，特别是发达国家，为了达到一定的政治、军事和经济的目的，往往对某些商品、尤其是战略物资与技术产品实行管制、限制或禁止出口。

服务型政府

服务型政府也就是为人民服务的政府，为社会服务，为公众服务。在整个社会民主秩序的框架中，把政府定位于服务者的角色，并通过法定程序，按照公民意志组建起来的以"为人民服务"为宗旨，以公正执法为标志，并承担着相应责任的政府，是"三个代表"重要思想在政府管理领域的具体体现。

社会主义核心价值观

主要由坚持马克思主义指导思想，坚持中国特色社会主义共同理想，坚持以爱国主义为核心的民族精神和以改革创新为核心的时代精神和坚持社会主义荣辱观组成。2012年11月，党的十八大报告首次以12个词概括了社会主义核心价值观："倡导富强、民主、文明、和谐，倡导自由、平等、公正、法治，倡导爱国、敬业、诚信、友善，积极培育社会主义核心价值观。"

科学发展观

是胡锦涛在2003年7月28日的讲话中提出的"坚持以人为本，树立全面、协调、可持续的发展观，促进经济社会和人的全面发展"，按照"统筹城乡发展、统筹区域发展、统筹经济社会发展、统筹人与自然和谐发展、统筹国内发展和对外开放"的要求推进各项事业的改革和发展的一种方法论，也是中国共产党的重大战略思想。在中国共产党第十七次全国代表大会上写入党章，成为中国共产党的指导思想之一。

现代产业体系

是指现代元素比较显著的产业构成，主要指第一、第二与第三产业的构成。不同经济发展水平的国家现代产业构成差异比较大，所以现代产业体系涵义不同。在经济发达国家，现代产业体系主要指现代服务业发展比较充分的产业构成，一般情况下现代服务业要占其GDP的70%左右。而在发展中国家，现代产业体系主要指工业化进程比较健康的产业构成，一般指工业增加值占GDP50%左右、第三产业所占比重稳定上升的产业构成。

顶层设计

作为一个工程学术语，正成为中国新的政治名词。这一名词在中共中央关于"十二五"规划的建议中首次出现。顶层设计是运用系统论的方法，从全局的角度，对某项任务或者某个项目的各方面、各层次、各要素统筹规划，以集中有效资源，高效快捷地实现目标。它有三个特征：一是顶层决定性；二是整体关联性；三是实际可操作性。